Inhalt

Ein Kind sucht Freundschaft mit dem Mond;
und der nächtliche Begleiter
bringt ihm Frieden sein Leben lang.

Die Straße

Es ist 17 Uhr. Metz liegt schon im Dunkel der Winternacht. Françoise hilft mir, meinen Renault 20 beladen. In Genua werde ich ein Konzert geben. Im Augenblick beschäftigt mich nur ein Gedanke: nichts zu vergessen.

Der Bose 1800, ein großer amerikanischer Verstärker, wiegt 40 kg, dann die vier HP Bose 800, die beiden AKG Mikrophone, die beiden Mikro-Ständer, das Mischpult, der Equalizer, die Kabeltrommel, der Lötkolben, die Sicherungen. Außerdem nehme ich noch 300 Schallplatten und 300 Texthefte mit, dazu die beiden „Ramirez"-Gitarren. Dann noch einen Ventilator, das Mischpult könnte heiß werden und den Ton verzerren. Der Verstärker dagegen wird nie heiß, er ist unverwüstlich wie ein Ochse und bringt drei Stunden lang, ohne schwächer zu werden, seine 300 Watt.

Genau vor mir auf dem Armaturenbrett der Kassettenrecorder, ein Nakamiski 500, mit sechs neuen Batterien. Ich werde sie brauchen heute Nacht.

Françoise legt eine grüne Plastiktüte auf den rechten Vordersitz: die Verpflegung für die Nacht. Backpflaumen, Bananen, Käsebrote. Zwischen die Vordersitze steckt sie noch eine Flasche Mineralwasser, es stammt aus Plombières-les-Bains, wo ich zu Hause bin. Eine herzensgute Frau. Meine Augen lächeln ihr zu, und dabei werden meine Wimpern feucht.

Es regnet immer noch, doch ich nehme mir Zeit, den

Wagen noch einmal genau zu überprüfen: Scheinwerfer, Nebelleuchten, Blinklicht, Reifen. Das übliche Ritual, bevor ich auf den Anlasser drücke. Es geht los. Die Uhr zeigt 17.15.

„Auf Wiedersehen, Madame, vielen Dank."

„Auf Wiedersehen, mein Lieber, möge die Nacht Ihnen nicht lang werden."

Auch das ist Ritual, hinter dem sich viel Zärtlichkeit verbirgt. Go ahead, Lucien! Ein kleines aufmunterndes Wort zu mir selbst, und dann liegen die 1200 km vor mir.

Bereits seit dreiundzwanzig Jahren werden meine Nächte von meinem Beruf als Sänger und Ritter der Landstraße bestimmt, und trotzdem verspüre ich jedesmal, wenn sich die Räder in Bewegung setzen, so etwas wie Rührung in meinem Herzen. Ich trete in meine Nacht ein, wie ich einst in die Zurückgezogenheit des Ordens eintrat.

Was wird sich tun in meinem Kopf bis zum Morgengrauen? Im Grunde machen mir die Nacht, der Regen, der Nordwestwind kaum noch etwas aus, nach etlichen Millionen Fahrkilometern macht man im Auto nur noch Reflexbewegungen.

Aber dieses Eintauchen in Dunkelheit und Einsamkeit während einer zwölfstündigen Fahrt läßt meine Seele nicht unberührt. Am Ende wird sie spüren, wie schwer die Bruchstücke der entdeckten Wahrheiten auf ihr lasten. Schreckliche und zugleich geliebte Einsamkeit, die mir in undeutlichen Umrissen die Wahrheit der Dinge enthüllt.

Autobahn bis Toul. Ich befestige ein Kabel, das sich gelöst hat. Der Motor kommt auf Touren, das beruhigt, die Karosserie zittert leicht, wenn sie hin und wieder ein heftiger Windstoß trifft. Seit meinem vierten und bis zum zwölften Lebensjahr kenne ich die Einsamkeit. Als einziger von meinen acht Brüdern und Schwestern ging ich auf einer alten Römerstraße zur Schule nach Plombières-les-Bains. Seit auf dem anderen Flußufer eine zweite asphaltierte Straße angelegt wurde, wird sie nicht mehr benutzt.

Eine Stunde Einsamkeit auf dem Schulweg, zwei Stunden Einsamkeit mittags, wenn ich mein Brot und meine Schokolade in dem von meinen Kameraden verlassenen Klassenzimmer verzehrte, und eine Stunde am Abend auf dem Heimweg. Das bedeutete für mich vier Stunden Einsamkeit pro Tag.

Diese Einsamkeit tat mir gut. Weil ich Zeit hatte, mir einige Gewißheiten anzueignen, und weil diese Gewißheiten Zeit hatten, sich nach und nach für mein ganzes Leben festzusetzen. Die Gewißheit, daß Gott gut ist, daß er die Kinder liebt, daß Jesus sein faßbares Antlitz ist. Nichts hat diese Gewißheit erschüttern können, auch nicht als das Unheil über mich hereinbrach, von dem ich gleich reden werde.

Straße im Sommer mit Brombeeren, Himbeeren und Maikäfern.

Straße im Herbst mit Sturm und Regen, mit ihrem düster-traurigen Gesicht, mit ihren Buchen und Tannen, die ächzend und pfeifend die Kronen schüttelten.

Straße im Winter, wenn ich meinen ganzen Mut zusammennehmen mußte bei einem Meter Schnee und dreißig Grad Kälte. Herrlich waren die Vollmondnächte. Die Straße, der knirschende Schnee, die Nacht, der Mond: alles, was ein Kinderherz glücklich machte.

Vor allem der Mond. Ich blieb stehen und betrachtete lachend sein friedliches Gesicht, oft minutenlang. Wenn ich losmarschierte, setzte er sich ebenfalls in Marsch, wenn ich lief, begann auch er hinter den Bäumen zu laufen. Der Friede in seinem Gesicht brachte es fertig, die Ängste meines Schulalltags zu beschwichtigen.

Ich taste mit der Hand nach der Wasserflasche. Françoise war so lieb, sie bereits aufzumachen, denn das läßt sich beim Fahren nicht so leicht bewerkstelligen. Trotz der Wärme im Wagen habe ich das Gefühl, frisches Wasser im Mund zu haben. Ich weiß nicht, warum. Ein kleines Wunder mehr in einer Welt, die voller Wunder ist.

Die Straße fliegt vorbei. Ich sehe nichts als Straße, alles andere verschwimmt im Dunkel. Bis Lyon kenne ich die Straße auswendig. Ich erkenne sie an tausend Einzelheiten, an der wechselnden Farbe des Belages, an der Qualität des Asphalts, an dem Geräusch der Firestone-Reifen, an der stärkeren Wölbung eines bestimmten Abschnittes, an der Farbe eines Baumes am Seitenstreifen, usw. Das alles ist mir vertraut.

Natürlich ist das alles zweitrangig, außer der Geschichte mit dem Mond, auf die ich später zurückkommen werde.

Wichtig an dieser Nacht ist, daß ich Ihnen ganz im Vertrauen etwas gestehe: ich bin Alkoholiker, d. h. ich trinke keinen Wein mehr, kein Bier, keinen Schnaps. Seit vierzehn Jahren.

Wenn Sie den Mut haben, mir bis zum Schluß zuzuhören, verspreche ich Ihnen eine interessante Reise bis Genua durch ein Reich, das Sie vielleicht nicht kennen. Wenn Sie das Abenteuer von Neil Armstrong im Juli 1969 begeistert hat, dann hören Sie mir bitte zu und Sie werden einen fremdartigen Planeten entdecken, auf dem fremdartige Menschen wohnen.

Bis Genua werden Sie erleben, wie sich meine Seele allmählich gnadenlos, ja geradezu höllisch verfinsterte. Denn so finster kann nur die Hölle sein.

Wenn aber Frömmelei, Wohlanständigkeit, das sogenannte gute Gewissen und die Dummheit in Ihnen den Sinn für die Wahrheit erstickt haben, dann schließen Sie die Augen, verstopfen Sie die Ohren und löschen Sie das Licht. Dann gute Nacht!

Seltsam und schmerzhaft ist der Weg, der in die Hölle hinabführt, noch seltsamer aber und vor allem beglükkend ist der Weg, der wieder empor zum Heil führt.

Es ist wie im Kino, wenn auf einmal alle Lichter langsam verlöschen und ein beklemmendes Gefühl verursachen, und am Schluß ist es wieder wie im Kino, die Lichter gehen wieder an, und mit Musik werden wir bis auf die Straße in den hellen Sonnenschein begleitet.

Bis Genua gebe ich Ihnen keine Erklärungen. Ich werde Ihnen erzählen, wie es mit mir soweit gekommen ist. Nur um eines wage ich Sie zu bitten: glauben Sie mir, daß das ganze Geschehen wirklich gelebt worden ist, daß die Dinge sich so ereignet haben, wie ich sie erzähle.

Warum ich das ausgerechnet im Auto erzähle? Weil man im Auto keine schönen Worte macht, man sagt die Dinge, wie sie gerade kommen und ohne sie zurechtzustutzen und kann zwischendurch auch schweigen.

Und wozu eine so lange Reise? Um nicht durch einen Zeitplan ins Gedränge zu kommen. Man braucht wirklich sehr viel Zeit, um zu begreifen, daß der Alkoholismus eine schleichende Krankheit ist, in der man aber mit ein bißchen Mut und sehr viel Demut überleben kann. Und mit Geduld, die hätte ich beinahe vergessen.

Ein leises tickendes Geräusch im Motor begleitet mich schon die ganze Zeit. Ich weiß nicht, was es ist. Aber es hört sich so sauber und harmlos an, daß es mich eher ermutigt.

„Wurden Sie von Ihrer Mutter geliebt?“

Sehr. Das ist ja meine früheste Erinnerung. In welchem Alter? Das weiß ich wirklich nicht. Ich erinnere mich an ein stilles Haus und an das Klappern von Holzschuhen in der Küche. Auf einmal hörte das Klappern auf, und ich sah unter dem Stoffhimmel der Wiege das lächelnde Gesicht meiner Mutter auftauchen, und eine Weile war ich zufrieden und getröstet.

„Wurden Sie von Ihrem Vater geliebt?"

Ebenso sehr. Die früheste Erinnerung an ihn ist sein großer gekrümmter Zeigefinger, mit dem er mich am Hals kitzelte und „Kille-kille" machte, um mein Babygeplapper nachzuahmen.

„Haben Ihre Eltern sich geliebt?"

Sehr sogar. Ich schlief im gleichen Bett wie mein Bruder Marcel. Und im gleichen Zimmer stand auch das Bett meines Vaters, der dort mit dem jüngsten Buben schlief und das meiner Mutter mit dem zuletzt geborenen Kind. Wenn die Kinder schliefen, fragte mein Vater manchmal: „Ist dir nicht kalt, Gustine?" (Das war die Koseform von Augustine). Meine Mutter antwortete mit ja oder nein. War ihre Antwort ja, dann schlüpfte sie zu ihm ins Bett, und ich hörte, wie sie sich zärtliche Worte zuflüsterten, ganz leise, damit die Kinder nicht aufwachten. Und ich war darüber glücklich. Vielleicht rührt es daher, daß ich Ehekräche hasse.

Nichts deutete daraufhin, daß ich eines Tages Alkoholiker werden könnte. Meine Mutter hat mich nicht verweichlicht. Sie hat mir im Gegenteil täglich ein Beispiel von Mut und Tapferkeit gegeben. Ich habe nie gesehen, daß sie sich einmal hinlegte. Sie stand morgens als erste auf, zündete im Haus das Feuer an, kochte etwas für das Vieh und machte dann Kaffee für ihre Leute. Wenn alles fertig war, rief sie im Singsang des Dialektes die Treppe hinauf: „Aufstehen, Kinder, Zeit für die Schule."

Wenn man behauptet, Alkoholiker seien Nichtstuer, dann bin ich bei ihr sicher nicht auf den Geschmack am Faulenzen gekommen. Denke ich an die feingliedrigen

Hände meiner Mutter, dann überkommt mich eine tiefe Zärtlichkeit. Sie hätten diese Hände sehen sollen, wie sie strickten, wie sie Leinen webten (auf einem kleinen Hauswebstuhl), wie sie den Brotteig für die ganze Woche kneteten, wie sie die Butterklumpen formten („Verschwindet, Kinder, kein Staub hier"), wie sie ihre langen braunen Haare kämmten und wie sie sich dabei freuen konnte wie ein junges Mädchen und das bis in ihre letzten Tage.

„Waren Ihre Eltern bigott?"

Über Gott haben sie nie mit mir gesprochen. Wohl sprachen wir gemeinsam das Abendgebet. Papa kniete vor einem Stuhl, die Ellbogen auf den Sitz gestützt und den Kopf zwischen beiden Händen. Er antwortete auf die Bitten, die meine Schwester Helene sprach: „Unser tägliches Brot gib uns heute ..." Meine Mutter saß dabei, stillte das letztgeborene Kind und erwiderte: „Gedenke, Jungfrau Maria, daß man noch nie gehört hat, jemand, der dich um Hilfe anflehte, sei zurückgewiesen worden." Dabei ließ sie ihre braunen Augen heiter-gelassen über die lebhafte Kinderschar gleiten. Und ich war glücklich. Halb betete ich, halb träumte ich von einem Wettlauf mit dem Mond. Die Art, wie meine Eltern beteten, hat mich gegen jede Bigotterie gefeit.

Wie konnte dieser kleine Junge, der dem Milchgesicht des Mondes zulächelte, den sein Vater und Sam, der große deutsche Schäferhund, und die drei Ellen dicken Mauern seines Elternhauses beschützten, wie konnte er Alkoholiker werden? Dieser Junge, dem es nie an Zärtlichkeit mangelte?

Es regnet immer noch. Ich stelle die Wagenheizung auf schwach. Die Plattenhüllen unmittelbar neben der ausströmenden Heißluft könnten sich sonst verziehen. Zu meiner Linken taucht die Raststätte „Le Wagon" auf, die alle Fernfahrer kennen. Wenn Sie Hunger oder Durst haben, nehmen Sie die Gelegenheit wahr, es ist das letzte Restaurant vor Dijon. Ich muß etwas langsamer fahren, denn jetzt kommt eine 30 km lange, nicht ungefährliche Strecke.

„Waren Sie intelligent?"

Das ist eine Frage, die mit dem Alkoholismus überhaupt nichts zu tun hat, wie mir die Erfahrung zeigte.

Als ich zwölf Jahre alt war, schickte mich mein Vater in ein Studienkolleg bei Brüssel, um meinen noch unbestimmten Wunsch, Priester zu werden, reifen zu lassen. Aber als ich vierzehn war, wurde ich wieder nach Hause geschickt. Ich glaube, es war im Mai. Als ich auf dem Hof ankam, erblickte ich als erste meine Mutter, die mit einem Eimer Milch gerade aus dem Stall kam.

„Du bist wieder da?"

„Sie haben mich hinausgeworfen, weil ich den Unterricht gestört habe."

„Was hast du gemacht?"

„Ich habe dem Aufsichtführenden eine runtergehauen."

Meine Mutter schimpfte nicht, heulte nicht, machte kein Theater, sondern strich mir ganz leicht über die Wange und sagte etwas mir Unvergeßliches: „Wenn du da unten nicht glücklich bist, dann mußt du eben bei uns bleiben."

Diese Freiheit machte mich stark, ihre Liebe tröstete mich, und so kehrte ich nach den Sommerferien ins Kolleg zurück. Ich kann also nicht behaupten, ich sei Alkoholiker geworden, weil man mich gezwungen hat, Priester zu werden.

In den beiden letzten Klassen im Kolleg war Pater Naudin mein Lehrer. Seine messerscharfe Intelligenz und sein sehr freiheitlicher Glaube haben sich auf mein ganzes Leben ausgewirkt. Durch ihn habe ich auch sehr früh erfahren, was den wahrhaft Gläubigen ausmacht.

Bei ihm wurde ich sehr gut in Latein und Griechisch. Mit keinem Text, ob von Plinius dem Jüngeren, Tacitus oder Xenophon, hatte ich Schwierigkeiten. Wenn die Klasse über einem Satz brütete, sagte Naudin: „Lucien, erkläre die Konstruktion an der Tafel." Ich bildete mir darauf nichts ein. (Ich habe viele Schwächen, aber eitel bin ich nicht.) Seien Sie also nicht davon überzeugt, ein Alkoholiker müsse zwangsläufig ein Dummkopf sein.

Eines Tages sagte mir Naudin nach dem Unterricht: „Ich möchte gern, daß du dich mit Altfranzösisch beschäftigst. Wir wollen für das Kolleg das ‚Wunder des Theophilus' von Rutebeuf aufführen, in einem Monat. Geh in den Park und lerne den Text. Du sollst ihn auf deine Art spielen. Zum Unterricht brauchst du nicht mehr zu kommen; der Park ist sehr schön um diese Jahreszeit."

Sagen Sie mir also nicht, autoritäre Erwachsene hätten meine Jugend verpfuscht.

Naudin ist dreißig Jahre später gestorben. Mit seiner ganzen Intelligenz und seinem ganzen Herzen sehnte er sich nach Gott. Ich habe geweint.

Mein Vater, meine Mutter und Naudin, das waren meine Lehrmeister. Sie haben mir wenig von Gott erzählt, aber sie sprachen zu mir von Dingen, die fürs Leben wichtig sind. Und als die Zeit der tiefsten Finsternis über mich hereinbrach, erhellte das, was sie mir gegeben haben, meinen Kerker.

Ich nähere mich Langres. Das kleine melodische Geräusch im Motor hört nicht auf, es klingt wie ein dreigestrichenes b und regt mich an, weiterzusprechen.

Mit wahrer Leidenschaft beobachtete ich stets Dinge und Menschen, das war immer typisch für mich, und später verlegte ich mich zu meinem Unglück nur noch aufs Beobachten.

Wenn ein Fremder auf den Hof kam, betrachtete ich ihn aufmerksam. Ich registrierte alles: den Glanz seiner Schuhe, die Form seines Hutes, den Akzent, mit dem er sprach, seine Art, die Hand auszustrecken und wie sein Mantel roch, alt oder neu. Ich erschnupperte die Menschen geradezu wie ein Hund und täuschte mich selten. Ohne diese konkrete, sinnlich erworbene Menschenkenntnis hätte ich keinen Grund gehabt, an ihnen zu verzweifeln.

Den Dingen schenkte ich liebevolle Aufmerksamkeit. So habe ich z. B. eine schöne Muschelhälfte, die im Inneren wie Perlmutt glänzte, wochenlang in der Tasche meiner Schulschürze aufgehoben.

Ich interessierte mich sehr für die harmonische Welt der himmlischen Sphären, die mir wie ein Zufluchtsort in dem Auf und Ab der menschlichen Geschichte erschienen. Ich las wohl zwanzigmal das dreibändige Werk des Astronomen Moreux, und später sollte ich mit Monsieur Servajean die Sterne über Meudon durch ein Fernrohr betrachten. Mein Sinnen und Trachten war auf diese Welt gerichtet und gleichzeitig auf die Flucht vor dieser Welt. Das waren zwei Voraussetzungen, die mich zur Flasche greifen ließen.

Der Abstieg

Im Verlauf meiner Krankheit gab es eine euphorische Phase, die ungefähr von 1958–1965 dauerte. Der Alkohol „half" mir beim Autofahren, Singen, Nachdenken und Beten.

Genau dort, wo jetzt die Flasche Mineralwasser aus Plombières liegt, befand sich oft eine Flasche Wein. Ich habe die Halbliterflaschen Saint-Emilion, die mir Freunde aus Levallois-Perret mitgaben, noch in guter Erinnerung. Eine pro Reise, natürlich. Es gibt sie auch heute noch an den großen Autobahnen Paris–Lyon, Paris–München, Paris–Bordeaux.

Der Wein hat mir auch geholfen, meine Lieder zu machen, er hat ihnen den besonderen Akzent gegeben, einen nostalgischen oder zornigen, einen der Ohnmacht oder der Sehnsucht nach einem Himmel, wo wir mit den neuen Menschen unvergleichliche Weine trinken würden.

Mein Gott und Herr erfüllt mein Herz,
Fürs täglich' Brot sorgt meine Hand,
Mein fröhlich' Kind, erfreut mein Aug',
Mein müdes Weib beschützt mein Arm,
Ein Glas voll Wein, den Kummer bannt.

Schon kündet sich die Stunde an,
Da ich nicht länger schweigen kann.
Sag' denen, die ich liebe sehr:
Laßt mir den Frieden, sonst nichts mehr!

Ja, Jesus läßt uns nicht allein,
Die neue Welt wird schöner sein,
Bin ich am Ziel, beginnt das Fest,
Das alle Not vergessen läßt,
Und frohe Menschen trinken Wein.

(übersetzt von P. Anton Hüren S.J. in: Chansons P. Aimé Duval SJ, Otto Müller Verlag, Salzburg, 1963

Mutlosigkeit, unverbesserliche Träume vom Glück, der Wunsch nach einer menschlicheren Welt, immer war der Alkohol dabei und verstärkte die Tendenz.

Beglückender C_2H_5OH, der die Pforten des Schweigens sprengte, der mir ein Lied auf die Lippen trieb und den Mut gab zu schreien. Wenn ich eine Uhr reparierte (ich war auch Uhrmacher), brauchte ich keinen Wein. Ich mußte nur vorsichtig mit der Pinzette hantieren, überlegen, warum die Schwungkraft der Feder sich nicht mehr auf den Anker überträgt, und der alte homo faber in mir benötigte lediglich Aufmerksamkeit und etwas Kopfzerbrechen, aber keine Gefühle.

Wenn es jedoch darum ging, die Krankheit der Zeit zu erfühlen (ihre Härte, Dummheit, ihren Hochmut) und die Süße der künftigen Welt voller Liebe zu erahnen, wenn es sich also vor allem darum handelte, herauszuschreien, daß diese Kluft mir Schmerzen bereitete, dann half mir der Alkohol. So war das damals, und ich bereue es nicht.

Es ist 20 Uhr 30. Ich bin durch Dijon gefahren und nähere mich der Mautstelle. Ich überhole einen LKW aus den Vogesen und hupe kurz als Gruß, er hupt zurück. Und das erwärmt mein Herz. Auch das ist typisch für einen Alkoholiker: ein unbändiger Wunsch nach Kommunikation.

Ich hatte stets eine große Zuneigung für die kleinen Leute, und dieses starke Gefühl trug auch dazu bei, daß ich trank. Ich konnte mich einfach nicht mit dem Elend der anderen, ihrer Krankheit, ihrer Erniedrigung, ihrer Armut, ihrer Einsamkeit abfinden!

Für mein eigenes Elend, meine Einsamkeit hatte ich Jesus und mit ihm kam ich gut über die Runden, danke, vielen Dank, macht euch um mich keine Sorgen.

Während dieser nächtlichen Fahrten, bei denen ich Millionen von Kilometern zurücklegte, quälten mich stets die gleichen Gedanken: ich bin auf meiner ERDE (großgeschrieben, denn ich ahnte wohl, daß die Erde viel mehr ist, als sie scheint), die Menschen schlafen, haben vielleicht Alpträume, nur ich allein passe auf sie auf. Hauptsache, die Menschen sind glücklich, Hauptsache, die Erde läßt sich nicht beirren, immer wieder neue hervorzubringen. Die Erde beweint unsere Gewaltakte, sie weint wie Rachel über ihre dahingemordeten Kinder. Unsere Torheiten werden die Erde krank machen. Die Erde, meine Erde.

Bis Genua werde ich über dieses Thema sprechen. Diese Sehnsucht nach einer glücklichen Welt ist tatsächlich ein tragendes Fundament meines Wesens.

„Ich gehe oft und gern, allein mit meinem Herrn
Und wandre durch die Nacht, wenn niemand wacht.
Ich wünsche oft und gern, vereint mit meinem Herrn,
Der Stadt im Todesschoß, ein beßres Los."

Ein wahrer Heißhunger nach Freundschaft, ein verbissenes Bemühen, die Menschen aus dem Elend herauszuholen, eine törichte Waghalsigkeit, dem Unglück in allen seinen Formen die Stirn bieten zu wollen, überall herauszuschreien, daß Gewalt irrsinnig ist und daß der einzige Herzensadel in der Vergebung von Beleidigungen besteht, all das hat mich während der zwei Millionen Kilometer in vierzig Ländern umgetrieben.

Wenn ich Zeit habe, werde ich Ihnen die Städte nennen,

wo ich gesungen habe. Und beim Aufzählen wird bei jedem Namen wie durch einen Zauberakt des Herzens die Erinnerung an Hunderte von Gesichtern in mir auftauchen.

Nicht nur Gesichter, mehr noch das, was sie mir gesagt haben. Und noch mehr das, was Unbekannte für mich taten. Lächelnd erinnere ich mich an den alten Herrn aus Lissabon, der mir eine Flasche hundertjährigen Portwein schenkte. Und dann die kleine Dame in Schwarz in Bilbao, die bei meiner Abreise einen Wecker auf meinen Sitz legte, ein Meisterwerk von einem Wecker (ich weiß, wovon ich spreche). Herr Adenauer in Deutschland, der mir eine Gitarre überreichen ließ als Dank für die Freude, die ich jungen deutschen Menschen bereitete.

Und welche Rolle spielt dabei der Alkohol? Er ist einfach dabei: Unmerklich, noch ganz manierlich begleitet er die Gefühle, die Schwingungen der Seele: die Dankbarkeit, den Jubel, die Angst vor dem Abreisen-Müssen, die Trauer beim Heimkommen. Sicher: der Körper gewöhnt sich relativ schnell an diesen Stoff. Aber die Seele zögert vor dem Zusammensein mit dem Alkohol. Das Verheerende dabei ist, daß die Trennung später umso schwerer sein wird.

Der Regen hat aufgehört. Die Straße ist aufgeweicht. Ich werde langsamer sprechen, denn es ist ziemlich viel Verkehr, seit die Pariser mit von der Partie sind.

Lyon ist erreicht. Tassin-la-Demi-Lune und darüber hinaus ganz am Ende Clermont-Ferrand, bleiben rechts liegen. Guten Abend, ihr Freunde in Aubière, guten Abend, lieber Mathon. Hier ist der Tunnel unter Fourvière, man fährt an der Rhone entlang, hallo, Renée. Guten Abend, euch allen in Lyon, die ich auf meinen sechs Konzerten getroffen habe.

Ich habe diese Alkoholkrankheit nicht kommen sehen. Wohl spürte ich, daß sich in meiner Einstellung, in meinem Verhalten gegenüber dem Alkohol etwas änderte. Ich litt an etwas, wußte aber nicht, woran. Die Krankheit entwickelt sich im Geheimen, völlig unbemerkt. Ein Beispiel:

Bis 1968 machte ich meine Chansons an meinem Schreibtisch. In der aufregenden Phase der Komposition holte ich mir, um mich zu beflügeln, aus dem Schrank im Erdgeschoß eine Flasche Bier herauf in mein Zimmer. Während der Arbeit tat ich ab und zu einen tiefen Schluck.

Wenn der Text steht, geht es in gehobener Stimmung an die Melodieführung. Und ich tue noch einen Zug. Eine Stunde später ist die Flasche leer. Ohne mich zu genieren, gehe ich hinunter und hole mir eine neue Flasche. Wenn die Melodie in Ordnung ist, muß sie meiner Stimmlage angepaßt, müssen Pausen zum Luftholen vorgesehen werden, und daran arbeite ich vier bis fünf Stunden. Zwei bis drei Flaschen stehen dann neben meinem Tisch.

Wenn alles soweit ist, mache ich mich an die Bezifferung der Akkorde nach den alten Regeln von M. Lavignac. Ich höre erst auf, wenn ich fertig bin. Vier bis fünf Flaschen sind dann geleert, und ich gehe zu Bett, glücklich, gute Arbeit geleistet zu haben.

Die Woche vergeht, und ich bin bester Stimmung, weil ein neues Chanson geboren ist. An die leeren Flaschen denke ich überhaupt nicht. Das Zimmermädchen wird sie zu den dafür vorgesehenen Behältern herunterbringen. Weder ein Problem für mich noch für das Mädchen. So weit so gut.

Aber mit der Zeit kam es so, daß ich die erste ausgetrunkene Flasche selbst heruntertrug, um eine neue heraufzuholen, so daß sich schließlich am Abend immer nur eine einzige leere Flasche in meinem Zimmer befand.

Diese Veränderung meiner Gewohnheit vollzog sich

völlig unbewußt. Und ich sollte erst zehn Jahre später merken, daß damals etwas Ungewöhnliches passiert war.

Ich hatte gute Gründe, um nicht klar erkennen zu müssen, was in mir vorging. Ich sagte mir z. B.:

„Bei der Arbeit, die du leistest, Lucien, kannst du viel trinken. Was schwitzt du nicht alles aus während der Konzerte!

Mach dir nicht zuviel Sorgen um deine kleine Person. Du sollst andere glücklich machen. Kümmere dich nicht um dich. Ich wußte nicht, daß diese Gleichgültigkeit mir selbst gegenüber (Gesundheit, Ansehen etc.) Zeichen einer schweren seelischen Störung war."

Zuviele Routinearbeiten nahmen meine ganze Zeit in Anspruch. Ich greife willkürlich heraus: Wagenpflege, Organisation meiner Reisen, Paß nicht vergessen, Korrespondenz erledigen, Saiten für die Gitarre kaufen. Mit dem Konzertveranstalter sprechen, mich in unbekannten Städten zurechtfinden, genug ausländisches Geld bei mir haben, Stadtplan kaufen, dem Bischof und dem Bürgermeister Höflichkeitsbesuche machen, sich die leidvollen Bekenntnisse der Menschen durch den Kopf gehen lassen, den Neid einiger Kollegen ertragen, die Chansons angehender Künstler verbessern, Bettlern Geld geben, Betrüger zurechtweisen, Zeit finden, ein Chanson fertigzustellen.

Ich wiederhole mich, aber verstehen Sie bitte, daß ich in der Zeit von 1957 bis 68 das freudlose Leben der Armen, Kranken, Depressiven, Gefangenen (in Zuchthäusern von Poissy, Fresnes, Clairvaux, Saint-Etienne), von Witwen und Waisen, Geschiedenen, der Alten, der Geisteskranken, der ausgestiegenen Priester, der betroffenen Ehemänner bis an die Grenze meiner Kräfte mitgetragen habe.

„Ist das der Grund Ihrer Alkoholabhängigkeit?"

„Nein, diese Erschöpfung ist eine der Bedingungen, daß ich abhängig wurde."

Entschuldigung, daß ich die Korrespondenz überhaupt erwähne. Aber diese Tausende von Briefen haben mich verstört und mir das Herz schwer gemacht. Ein Beispiel:

„Ich bin 72 Jahre. Ich lebe mit meiner Frau auf dem Land. Die Tage sind lang. Wenn meine Frau eine Depression hat, spiele ich ihr auf der Geige vor. Aber durch eine falsche Bewegung habe ich meinen Bogen zerbrochen. Können Sie mir einen beschaffen? Ich danke Ihnen im voraus."

Ich mußte also Paul Beuscher anrufen. Er schickte ihm einen Bogen, weigerte sich aber, mir die Rechnung zu geben. Die Freundlichkeit Paul Beuschers und das Vertrauen des alten Mannes haben meine Seele zum Klingen gebracht.

„Ich habe Sie in Fresnes spielen hören. Ich komme aus dem Gefängnis. Schicken Sie mir Geld."

„Ich bin Professor in T. Ich bin ungläubig. Ich würde Sie gerne sprechen."

„Ich bin Missionar in Madagaskar. Würden Sie mir beim Kauf eines Jeeps helfen?" (Er hat ihn bekommen). „Betonstahl". (Er hat ihn bekommen.)

Und ich habe immer noch haufenweise Briefe – herzliche, rührende, flehende, erstaunliche, forschende, ermutigende. Selten bösartige Briefe, anonyme, ungerechte, fanatische oder zum Heulen dämliche Briefe. Und ich weinte tatsächlich. Ich bin außerordentlich empfindlich.

Damals war ich empfindlich gegenüber unberechtigter Kritik von Journalisten. Nicht weil es um meine kleine Person ging, sondern wegen der Bösartigkeit und Unredlichkeit an sich. Meine sanfte und tapfere Mutter, mein stolzer und ruhiger Vater, ihr habt mich nicht gelehrt, so etwas hinzunehmen. Auch die friedliche Kuh im Stall oder die anhängliche Treue unseres deutschen Schäferhundes haben mich darauf nicht vorbereitet. Einige Beispiele.

Ich machte eine Fernsehsendung mit Georges Brassens. Ein Journalist berichtete:

„Lucien betrat den kleinen Raum, wo Brassens wartete. Lucien sagte: ‚Guten Tag, Georges, ich freue mich, dich kennenzulernen. Wenn du erlaubst, möchte ich dich duzen.' So etwas kommt beim Publikum gut an." Dieser letzte Satz ist falsch. Diese gemeine Schäbigkeit, diese Verachtung der Wahrheit, waren Brassens' nicht würdig. Mein Herr Journalist, Sie haben mir weh getan, weil ich zum ersten Mal erfahren mußte, daß Worte im Munde eines miesen Mannes zu Dreck werden.

Anderes Beispiel: während einer Unterhaltung mit Journalisten hatte ich gesagt, ich würde im Verlaufe eines dreistündigen Konzertes ein Kilo Gewicht verlieren. Ein Journalist wollte sich darüber ausschütten vor Lachen. Wenn sich dieser Herr die Zeit nähme, auszurechnen, wie viele Tonnen schwer der Druck der linken Hand auf dem Gitarrenhals ist, der Zug auf den fünf Saiten durch die fünf Finger der rechten Hand, alles in der Hitze der Scheinwerfer, dann verstünde er sicher, daß der Verlust eines Liters Flüssigkeit ein Minimum darstellt. Damals wußte ich noch nicht, daß es auch dumme Journalisten gibt.

Letztes Beispiel: in Pau fällt eine Nonne am Ende eines Konzertes über mich her:

„Es ist schändlich, Vater. Wochenlang habe ich deswegen nicht geschlafen. Ich bin empört!"

„Was ist denn passiert?"

„Am Anfang der dritten Seite der Plattenaufzeichnung Ihres Konzertes haben Sie etwas Schändliches gesagt. Aus Ihrem Munde hätte ich nie etwas so Abscheuliches erwartet."

Ich strengte also mein Hirn an, um mich zu erinnern, was ich zu Beginn der dritten Seite gesagt hatte.

„Liebe Schwester, ich habe gesagt: ‚Nanu, die Schwestern sind nicht mehr da.'"

„Nein, nein, das haben Sie nicht gesagt."

„Liebe Schwester, hier sind die Tatsachen. Im Konzert in Bordeaux, wo es aufgenommen wurde, hatten die Schwestern nicht genügend Platz im Saal, also setzten sie sich mit fünfzig anderen Besuchern auf die Bühne. Und ich habe sie geneckt. Aber im zweiten Teil nach der Pause setzten sie sich mit dem anderen Publikum in den Saal. Als ich mich umdrehte, sah ich, daß sie ihren Platz gewechselt hatten. Also sagte ich mit meinem Akzent aus der Gegend nördlich der Loire (der die Silben verschluckt): ‚Die Schwestern sind nicht mehr da.' So einfach ist das."

„Nein, nein, das haben Sie nicht gesagt."

„Was habe ich also gesagt?"

Sie kommt näher an mich heran und sagt bissig:

„Sie haben gesagt: Nanu, die Schwestern ohne Hosen." –

Heilige Mutter Gottes, du Sanfte! Als ich nach dem Konzert in Pau nach Nancy zurückfuhr, beschäftigte mich nur eine Frage: ‚Wie kann man die Dummheit ausrotten, ohne die Menschen auch umzubringen?'

Kurz, ist es die Dummheit, die Bösartigkeit, ist es die Erschöpfung, die mich zur Flasche greifen ließen? Nein. Die Gründe für das Trinken liegen viel tiefer. Aber man braucht Jahre, um sie zu entdecken.

An freundschaftlichem Zuspruch wohlwollender Menschen hat es mir übrigens nicht gefehlt, auch nicht an Artikeln scharfsinniger Journalisten. Hier ist einer von einem Journalisten aus Brüssel, der mir nahe gegangen ist.

„Skeptisch bin ich in das Palais des Beaux-Arts in Brüssel gefahren, aber ich bin beeindruckt herausgekommen.

Ich hatte vor, einen humoristischen Artikel zu schreiben, der durchaus auch etwas bissig sein sollte. Das konnte nicht schwierig sein, gutes Thema: der Gitarrist Gottes! Aber es wird ein Loblied werden. Es gibt also in der nüchternen Welt, in der wir leben, noch Gefühle, die Bewunderung hervorrufen: und das sind Aufrichtigkeit und Überzeugung. Man braucht Lucien nur zu sehen, um zu wissen, daß er beides in höchstem Maße besitzt. Man hat Mitleid mit diesem Mann, der sich allein mit unglaublichen Problemen herumschlägt, aber alle Achtung, wenn er bekennt, woran er glaubt: ‚An Jesus Christus und die Freundschaft.' (gezeichnet M. H., Brüssel, 24. Dezember 1967)"

Ich weiß, es könnte peinlich wirken, diesen Text zu veröffentlichen. Ich weiß, man könnte mir nach den gültigen Anstandsregeln schlechten Geschmack und Eitelkeit vorwerfen. Aber diese Wohlanständigkeit ist nicht die meine.

Nein, nicht die Dummheit der anderen ließ mich zur Flasche greifen, auch nicht die Erschöpfung nach den Konzerten. Auch nicht, wie oft gesagt wurde, eine emotionale Einsamkeit. Noch nicht einmal meine Unkenntnis in bezug auf die Krankheit, denn zwei Ärzte hatten mich gewarnt:

Während eines erzwungenen Aufenthaltes in Genf 1961 (Depression) hatte mir ein Arzt gesagt: „Achten Sie auf Ihre Leber. Meiden Sie den Alkohol." Aber weil ich kein Vertrauen zu ihm hatte, gab ich nichts auf seine Warnungen.

1963 sagte mir ein Arzt in Beirut, der mich nach einem Konzert in Gesellschaft hatte trinken sehen: „Passen Sie auf, Sie werden Schwierigkeiten bekommen." Ich habe nicht auf ihn gehört, ich konnte nicht auf ihn hören.

1964 erfolgte die erste ernsthafte Warnung.

Ich hatte drei schwierige Abendvorstellungen im Olympia (Paris) hinter mir.

Schwierig, weil wir keine Zeit hatten, alle Chansons vor der Premiere so zu proben, daß die Musiker ihre Partitur lesen konnten und ich ihre Instrumentierung kannte. Für sie und mich wurde es eine anstrengende Soirée. Nach diesem ersten Konzert mußte ich gegen Mitternacht in dem leeren Olympia das Chanson „In Bilbao" aufnehmen. Die Platte sollte am nächsten Abend zum Verkauf zur Verfügung stehen. Ohne einen Bissen zu essen, ging ich um vier Uhr morgens ins Bett.

Am anderen Tag also wieder ein Konzert, das sehr schön verlief. Aber Journalisten und Freunde belegten mich mit Beschlag, und ich kam nicht zum Essen und Schlafen.

Drittes Konzert am nächsten Tag. Das Konzert war schlecht, ich war am Ende meiner Kräfte, meiner Nerven und hatte keinen Mut mehr. Ich kam mir wie Schlachtvieh vor. (Ich beklage mich nicht, versuche nur zu erklären.)

Wie habe ich durchgehalten? Weil ich zwar töricht, aber auch stur bin. „Tant pis, wenn ich verrecke, aber das Konzert wird durchgezogen." Diesen Satz habe ich mir wohl hundertmal während meiner vierundzwanzig Jahre als Musiker gesagt, aber nie so verbissen, wie bei diesem dritten Olympia-Konzert.

Ich habe auch deswegen durchgehalten, weil ich eine Flasche Rum getrunken habe. Nicht, daß ich gerne Rum trinke. Aber ich durfte nicht aufgeben.

Ergebnis: unterwegs nach Hamburg, wo ich am nächsten Tag ein Konzert hatte, bekam ich eine akute Pankreatitis mit Blutungen. Ich schleppe mich bis Köln, wo ich den Impresario abholen soll. Und der bringt mich um drei Uhr morgens in die Universitätsklinik, wo ich Höllenqualen durchmache.

Ein Einschub. In den ersten vier Nächten hatte ich in dieser Klinik sehr bezeichnende Halluzinationen. Über meiner Zimmertür befand sich ein verglastes Oberlicht. Durch dieses Fenster, das vom Korridor her Licht erhielt, erblickte ich im Fieberwahn den bärtigen Kopf eines Mannes, der mich anflehte:

„Monsieur Lucien, draußen auf dem Platz ist Revolution. Hören Sie bloß! Sie sollen sie beschützen. Gehen Sie und helfen Sie. Die Polizei wird sie sonst niedermachen."

Und ich sah tatsächlich hinter dem Mann mit dem Bart, wie die Menge von der berittenen Polizei angegriffen wurde, eine schreiende, in Auflösung begriffene Masse. Ich richtete mich auf und riß dabei die Infusionsschläuche heraus, ging zum Fenster und wollte hinunterspringen (4. Stock). Aber da erblickte ich die Bereitschaftspolizei in der Nähe ihrer Motorräder, entschlossen, einzugreifen. Sie hielten sich verborgen, und ich sah deutlich das Standlicht ihrer Fahrzeuge. Ich rief zu ihnen hinunter, beschimpfte sie, flehte sie an um ein bißchen Menschlichkeit. Ich wollte gerade springen, als die Nachtschwester (eine sehr gütige ältere Holländerin), die meine Ansprache gehört hatte, eintrat, mich vom Fensterbrett herunterholte und wieder zu Bett brachte. Nachdem sie die Infusion wieder angeschlossen hatte, legte sie mir ihre kühle Hand auf die Stirn, ehe sie hinausging. Kleiner Welterlöser, der ich war ...

In der folgenden Nacht hörte ich ganz nahe an meinem Kopfkissen eine leise kindliche Stimme: ‚Erika, du bist da?' Eine andere dünne Stimme antwortete: ‚Ja, Greta, ich bin da.' Das war sehr seltsam, und ich hustete kurz, um zu zeigen, daß man mich nicht zum Narren halten konnte und daß ich wußte, es sei niemand da. Aber als die Stimmen weitersprachen, fragte ich:

„Wer seid ihr?“

„Wir sind zwei kleine Mädchen aus der Tschechoslowakei. Wir sind geflohen.“

„Wo seid ihr?“

„Wir haben uns in dem Kopfkissen versteckt. Aber unsere kleine Schwester ist in einem anderen Kopfkissen im Schrank.“

Ich betastete das Kopfkissen und tatsächlich war in der Ecke eine kleine Unebenheit der Naht. Das konnte nur Erika sein und in der anderen Ecke war auch eine kleine Unebenheit, das konnte nur Greta sein.

Ich sagte zu ihnen:

„Ich bin ein bißchen krank, aber wenn es mir besser geht, werde ich euch nach Nancy mitnehmen und mich um euch kümmern.“

Dann haben wir einen Augenblick zusammen geschwatzt. Mein Freund Anton, der Manager, kam herein. Seine Simme kam mir grell vor, während die der kleinen Mädchen gedämpft klang.

Ich sagte zu Anton:

„In dem Kopfkissen im Schrank hinter dir ist ein kleines Mädchen. Nimm sie heute abend mit dir nach Hause. In meinem Kopfkissen sind noch zwei Mädchen, morgen kannst du sie auch zu dir nach Hause nehmen.“

Anton erwiderte:

„Ja, Lucien, gern.“ Ohne ein weiteres Wort ging er mit dem Kissen hinaus, um es an einem sicheren Ort aufzuheben. Einige Minuten später kam er zurück: „Lucien, ich habe mit dem Arzt gesprochen, du bist schwer krank.“

„Nein, Anton, morgen geht es mir bestimmt besser.“

Und ich armer Tropf wollte die Kinder der Welt retten.

In der folgenden Nacht spazierte ich, immer noch im

Delirium, nackt im Korridor, weil ich vor den Journalisten und den Kameras flüchten wollte. Irgendwo stand ein grüner Abfalleimer, dessen Deckel ich hob. Und ich sah den blonden Schopf meines kleinen Mädchens Pascale. Laut schluchzend sagte ich: „Mein armes kleines Mädchen, mein geliebtes kleines Mädchen." Das hörte wieder die holländische Nachtschwester, die mich an der Hand nahm und in ihr Büro brachte. Sie telefonierte mit dem wachhabenden Arzt. Ich wurde stutzig: „Madame, warum sind auf Ihrem Zifferblatt keine Buchstaben? Wo bin ich, Madame?"

Am nächsten Tag traf das Mädchen Pascale aus Paris ein, und da wußte ich, daß ich krank war. Wir beiden haben den Chirurgen angefleht, (er war so alt wie ich), meinen Bauch zu öffnen und ihn zu untersuchen. Er fand einen Liter Flüssigkeit in der Bauchhöhle. Nach der Analyse sagte er: „Hämorrhagische Pankreatitis."

Ehe ich diesen Chirurgen, der ein Freund geworden war, verließ, sagte er: „Von jetzt an keinen Tabak mehr, keinen Alkohol." Keinen Alkohol, ich habe es wohl gehört, aber seine Stimme wurde von dem Lärm des Lebens übertönt. Denn immer noch gab es kleine Flüchtlingsmädchen und geprügelte Menschen. Denn immer noch gab es Grund genug, Angst zu haben und zornig zu werden.

Und das Leben ging weiter. Eines Tages in der Schweiz, in Luzern, sagte ich zu dem Organisator: „Bitte, Peter, melde mich bei einem Arzt an. Ich habe schreckliche Schmerzen auf der rechten Seite." Den Arzt bat ich um ein starkes Mittel, die Schmerzen zu lindern, koste es, was es wolle. „Ich muß mein Konzert über die Runden bringen, Doktor." Er gab mir eine Palfium-Spritze. Das Konzert war sehr schön. Dem Pianisten gelangen einige herrliche Passagen.

„Hat Ihnen der Arzt gesagt, daß es der Alkohol war?" – „Nein".

Ein anderes Mal, unterwegs zu einem Konzert, muß ich in das Krankenhaus von Remiremont. „Mein Herz streikt", sage ich zu der Oberschwester. Sie setzt mich unter das Sauerstoffzelt, bis der Arzt kommt. Doktor Bastien erkennt sofort, daß es nicht das Herz ist, und gibt mir eine Equanil-Spritze. Zehn Minuten später esse ich in meinem Bett zu Abend.

„Hat er Ihnen gesagt, daß es der Alkohol war?" – „Nein".

Alle körperlichen Beschwerden buchte ich auf das Konto Erschöpfung. Tatsächlich wurde ich 1965 mit einem Infarkt ins Krankenhaus in Genf eingeliefert. Ich kam gar nicht auf den Gedanken, weil ich ja wirklich wenig trank, daß der Alkohol diese Beschwerden verursachen könnte. Wenn ein Arzt einem Alkoholiker sagt: „Wenig trinken, aber wenn, dann etwas Gutes!", dann ist das wohl nicht sehr angemessen.

Die Konzerte. Wie schaffte ich sie? Ich peitschte sie durch, ich nahm keine Rücksicht auf meinen Körper. Nichts zählte, außer gute Arbeit zu leisten und den Leuten Freude zu machen. Und in der Arbeit war ich peinlich genau.

Die Korrektheit kommt einem als letztes abhanden, nach der Gesundheit, nach der Lebensfreude.

„Haben Sie vor den Konzerten getrunken?"

Nein. Hinterher ja, ein wenig. Die Menge ist übrigens unwichtig. Es zählt nur die Art und Weise, wie Geist und Leber sich zum Alkohol stellen.

Schließlich kam es so weit, ungefähr im Juni 1968, daß ich gegen Abend zu zittern begann. Aus Rücksicht auf das Publikum trank ich an den Konzerttagen nicht, um wirklich auf der Höhe meines Könnens zu sein. Aber kurz vor dem Auftritt spürte ich eine seltsame Erregung, die mich vom Kopf bis zu den Füßen erfaßte, etwas Angst kam dazu, und diese Nervosität setzte sich fort bis in die Fingerspitzen. Und die Finger, die brauchte ich.

Eines Abends, ich glaube, es war in Neuchâtel, zitterte ich hinter dem Bühnenvorhang so sehr, daß ich einen Arzt kommen ließ. Er gab mir zwei Tabletten, die ich vertrauensvoll schluckte. Das Zittern hörte auf.

„Hat Ihnen der Arzt gesagt, daß es der Alkohol war?" – „Nein".

Ungefähr um die gleiche Zeit machte ich eine andere Entdeckung: es genügte, eine Stunde vor dem Konzert ein kleines Bier zu trinken, um nicht zu zittern und die Angst zu verlieren.

„Die Angst, vor die Menschen zu treten?"

„Nein, die Angst vor einem schwierigen Leben, einem schwierigen Beruf."

„Hatten Sie keine Freunde, die Ihnen unumwunden sagten, worum es sich handelte? Daß Sie zuviel tranken?"

„Ich hatte wohl einen guten Freund, der Noir heißt. Er begleitete mich in mehrere Länder, USA, Kanada und auch in viele Ecken Europas. Stets weigerte er sich, mir einen Rat zu geben, weil er einen ausgeprägten Sinn für die Freiheit des Menschen hatte (wie früher Naudin). Meine Arbeit, die Art meiner Lebensführung waren für ihn tabu. Er war ein freier Mensch, der freie Menschen schätzte. Ich glaube, er erriet nur zu gut die Besonderheit dieser Krankheit: So lange ich noch nicht den tiefsten Grund körperlichen und moralischen Elends erreicht hatte, konnte er nichts für mich tun. Jeder Zwang, jeder Rat, jedes leere Geschwätz führten zu nichts. Ich mußte noch tiefer hinab, ehe ich ganz unten ankam und schließlich selbst wollte (ein Schlüsselwort), daß ich wieder herauskam.

Unwillkürlich versteckte ich mein Tun vor Noir und er

mißtraute mir (nur in bezug auf den Alkohol natürlich). Eines Tages begleitete er mich zu einem Konzert, in Österreich, glaube ich. Mittags machen wir Pause in einem Restaurant. Während des Essens geht er kurz hinaus auf die Toilette. Sofort rufe ich den Kellner, leere mein Bierglas und bestelle ein zweites Bier. Als Noir zurückkommt, ist mein Glas genau so voll wie vorhin, als er hinausging.

„Haben Sie sich nicht geniert?"

„Doch!"

Aber was lindert die brennende Scham? Der Wunsch nach einem weiteren Bier.

Man sagt häufig: „Hätte er einen guten Freund gehabt, wäre das nicht passiert." Das ist falsch, ich hatte meinen Freund Noir. Ich habe trotzdem getrunken.

Ich hatte auch eine langjährige gute Freundin. Sie hieß Pascale. Ich lernte sie kennen, als sie dreizehn Jahre alt war und eine von Schwestern geleitete Schule besuchte. Einige Nonnen behandelten sie streng und ungerecht. Das sagte sie mir gleich, als ich sie zum ersten Mal sah.

Ich sagte der kleinen Pascale: „Wenn du willst, wirst du meine kleine Tochter, und ich werde mich für dich einsetzen, immer." Sie antwortete ja und schniefte, denn sie hätte am liebsten geweint. Vom ersten Tag an nannte sie mich „Lieber Vater", und ich nannte sie „mein liebes Mädchen". So ist es nun schon seit dreißig Jahren. Auch das ist sehr typisch für einen Alkoholiker: er ist zart besaitet, aber er ist treu.

Obgleich sie mir später gesagt hat, ich sei wunderlich und unberechenbar geworden, obgleich ihr der Schmerz in den Augen geschrieben stand, im Augenblick des Zusammenbruchs hörte ich kein Warnsignal.

Eines Tages, ich erinnere mich ungern, habe ich ihr wegen einer Nichtigkeit eine Ohrfeige gegeben. Ich bitte dich um Entschuldigung, mein kleines Mädchen. Es tat mir genau so weh wie dir.

Die Krankheit ist schon ziemlich weit fortgeschritten, wenn man die nächsten Freunde verletzt. Da beginnt der Teufelskreis, dem man nicht mehr entkommt: ich trinke, ich schlage sie, ich habe Gewissensbisse, ich trinke, um ihr Entsetzen zu vergessen, sie hat Angst, ich trinke, um meinen Kummer darüber zu vergessen, daß sie vor mir Angst hat. Die Spirale zieht sich auseinander, und dann ist es gelaufen. Mit jedem halben Liter stärkte ich das teuflische Gespann von Reue und Alkohol.

Es hätte einer objektiven, neutralen, kompetenten Stimme bedurft, die vielleicht eine kleine Chance gehabt hätte, gehört zu werden. Mein Freund Noir und mein Mädchen Pascale waren nicht unparteiisch. Morgen werde ich erzählen von einer Konstellation, bei der eben diese Bedingungen zusammentreffen und die Stimme eines anderen menschlichen Wesens vernehmbar wird.

Unglücklicherweise war ich damals sehr oft unterwegs und niemand warnte mich. In einer Woche gastierte ich in mehreren Städten, überall andere Freunde, andere Häuser, andere Ärzte.

Ein verheirateter Alkoholiker wird von seiner Frau beim Trinken beobachtet, sie weint, sie schilt ihn. Er hört nicht auf, aber er weiß, seine Krankheit schafft Probleme. Was mich angeht, so war ich mir noch nicht einmal bewußt, daß mich der Alkohol zum Abgrund zog. Bin ich dumm? Naiv? Vielleicht.

Andererseits war es gerade der Skandal, der mit dieser Krankheit einhergeht, der meine Jesuitenfreunde hinderte, mir zu sagen: „Hör auf!" Je weiter die Krankheit fortschritt, desto schweigsamer wurden sie. Je schweigsamer sie wurden, desto mehr fühlte ich mich allein gelassen. Je verlassener ich war, desto mehr trank ich. Je mehr ich trank, desto größer wurde ihre Angst. Das ist der Kreis. *Das* ist das Karussell, das sich endlos und immer schneller dreht.

Ich sehnte mich danach, wieder auf Tournee zu gehen, um nicht mehr ihren stummen Tadel in ihren Augen lesen zu müssen. Aber wenn ich zurückkam, hatte sich der Stand der Dinge noch verschlimmert; die enttäuschten Freundschaften beeinflußten die, die noch standhielten, wie die verfaulten Äpfel den ganzen Korb verderben.

„Dennoch hätte man ja etwas tun können."

„Was?"

Nach einer Reise komme ich nach Hause. Es ist 16 Uhr. Ich gehe in die Küche, um einen Kaffee zu trinken. Ich treffe dort drei Kollegen, die, ich weiß nicht worüber, diskutieren und darüber lachen. Kaum bin ich eingetreten, da verstummen sie. Ihr Schweigen genierte mich. Weder ich noch sie hatten die moralische Kraft zu lächeln oder mich in ihren Kreis einzubeziehen.

Und in einem solchen Zustand reise ich also nach Martinique. Dort drüben verstehe ich mich gut mit M. Gauthier. Aber als ich in der zweiten Nacht nicht schlafen kann, gehe ich in die Küche und stoße auf eine Flasche Rum, und so geht es drei Wochen weiter: Konzerte, Flaschen, Konzerte ...

Bitte, M. Gauthier, verzeihen Sie mir, daß ich Ihre Flaschen getrunken habe, daß ich die leeren hinter den vollen versteckt habe. Entschuldigen Sie, daß ich nicht gewagt habe, es Ihnen zu sagen. Aber ich weiß, mit der ersten Flasche verschwindet auch der Mut.

Die trank ich und hörte dabei die Hunde in Fort-de-France den Mond anbellen. Verbittert und beschämt kehre ich nach Nancy zurück.

Der Tiefpunkt

Von jetzt an verkrieche ich mich in meinem Zimmer, nehme das Telefon nicht mehr ab, mache die Fensterläden zu, mauere mich lebendig ein. Wenn an die Tür geklopft wird, wage ich nicht mehr zu antworten: „Herein", ich halte den Atem an und warte, daß sich die Schritte entfernen.

Ich schließe meine Zimmertür zu und gehe erst hinaus, wenn es dunkel wird. Mein Zimmer liegt im ersten Stock, und der Weinschrank befindet sich im Erdgeschoß neben der Küche.

Gegen Mitternacht schleiche ich die Treppe hinab. Noch dreizehn Jahre später erinnere ich mich, daß die letzte Stufe vor dem Absatz knarrte, und ich sie überspringen mußte, um niemanden zu wecken. Auch die Türklinke knarrt. Dann stehe ich vor dem Wandschrank. Beim Öffnen der Flasche muß man den Korken festhalten, damit er nicht quietscht. Ich trinke aus der Flasche. Ich mache den Schrank wieder zu. Ich gehe fünf Schritte im Korridor, um wieder die Treppe zu meinem Zimmer hinaufzusteigen. Aber ... ich gehe wieder zum Schrank zurück. Um die Flasche zu öffnen, drücke ich den Korken zusammen, ich trinke aus der Flasche. Als ich die Tür zum Gang aufmache, fällt mir ein, daß der Bruder Kellermeister die dreiviertel leere Flasche finden wird, ich trinke sie aus und verstecke sie hinter einer vollen Flasche.

Schließlich gehe ich todunglücklich in mein Zimmer

zurück. Und diese beschämende Komödie wiederholt sich zwei Stunden später. Es lebe die Nacht, Kinder, der Tag wird lang. Und endlich schlafe ich von Angst überwältigt ein.

Als der Kellermeister merkte, daß sich sein Vorrat ungewöhnlich schnell verminderte, schloß er den Weinschrank ab. Vorwurfsvolle Stimmung im Haus, Schweigen, schweigende Verachtung breitet sich aus, Blicke wenden sich ab. Es liegt wie Mehltau auf unseren Beziehungen, und das tut so weh, daß nur ein Ausweg bleibt: trinken.

Um trinken zu können, obwohl der Schrank abgeschlossen ist, nahm ich den Wagen und fuhr nach Metz (120 km Hin- und Rückfahrt). Ich parkte vor den erleuchteten Fenstern des Bahnhofrestaurants, schloß den Wagen ab und die Gewißheit, etwas zu trinken zu bekommen, löste die Spannung. Ich hatte keine Eile. Ich bestelle einen Halben, schließlich zwei.

Kaum bin ich wieder draußen, fängt die gleiche Komödie wie zu Hause an: ich gehe wieder zurück zur Theke. Einen Halben, noch einen Halben.

„Das ist Wahnsinn!"

„Das ist die Krankheit."

Die, die das gleiche durchgemacht haben, verstehen sofort. Die, die intelligent sind (ohne krank zu sein), verstehen es ungefähr. Die anderen verstehen nichts und beurteilen uns falsch.

Ich gestehe, daß ich nichts von dem begriff, was mir passierte. Auch die anderen verstanden nichts. Ich verstand nicht, daß die anderen nichts begriffen. ... Gräßliche Momente.

Jetzt muß ich auf die Straße aufpassen. Wie von Radio-Luxemburg vorausgesagt, wird der Nebel unangenehm. Zuerst waren es nur Fetzen, jetzt ist er gleichmäßig dicht wie Milch in einem Glas. Eine Blinkleuchte der Gendarmerie zeigt an, daß diese schlechte Sicht noch über 50 km andauern wird. Ich weiß nicht genau, wo ich bin. Orange liegt schon hinter mir. Ich achte nur auf die Straße, nicht so sehr auf die Entfernungen, ich habe keine Eile. Ich liebe die Nacht wie die Nachtaffen.

Das Beunruhigendste war vielleicht, daß ich weder mich noch die anderen gerecht beurteilen konnte. Ich sagte mir z. B.:

„Vielleicht trinke ich etwas zuviel, aber ich trinke, weil mir meine Kollegen die kalte Schulter zeigen", dabei zeigten sie mir die kalte Schulter, weil ich zuviel trank.

„Ich trinke vielleicht etwas zuviel, aber ich trinke wegen der Konzerte, die mich auslaugen", dabei erschöpften mich meine Konzerte, weil ich vom Alkohol geschwächt war.

„Ich trinke vielleicht etwas zuviel, aber ich trinke, weil mich mein Superior schief ansieht", dabei war er über mein ausweichendes und unbegreifliches Verhalten beunruhigt.

In manchen Nächten spürte ich, wie der Wahnsinn nach mir griff. Gegen drei Uhr morgens verlasse ich mein Zimmer, um auf die Toilette zu gehen (Die Toiletten liegen neben meinem Zimmer). Ich ziehe die Spülung, lösche das Licht und schließe die Tür. In diesem Augenblick sehe ich die fünf geschlossenen Türen meiner Kollegen in einer Reihe vor mir. Und ich hatte plötzlich die Idee (eigentlich die Gewißheit), daß es sich um Kabinentüren an einem Schiffsgang handelte. Jawohl, der Kabinengang der Queen Mary. (Mit diesem Schiff war ich nach New York gefahren.) Die Stille beginnt mich zu ängstigen. Warum laufen die Maschinen nicht? Warum kommt kein Steward und informiert uns, daß wir festliegen? Warum hört man nicht das Meer durch die Bullaugen? Jetzt erkenne ich durch die halb offene Tür meinen Schreibtisch.

Meine Angst nimmt zu. Warum hat man meinen Schreibtisch auf die Queen Mary gebracht? Warum gibt mir niemand Auskunft? Und warum ist mein Telefon auf der Queen Mary? Um dem Entsetzen nicht nachzugeben, räuspere ich mich in der Hoffnung, daß jemand seine Kabine öffnet. Nichts rührt sich. Ich fasse mir ein Herz, denn der Wahnsinn geht um und frage zunächst leise, dann etwas lauter: „Ist da jemand? Ist da jemand?"

Schließlich stoße ich die Tür auf und flüchte unter meine Decke. Um nichts mehr zu sehen und die Stille nicht hören zu müssen. Was tut's, wenn ich nicht zu Hause bin. Laßt mich schlafen und bitte keine Probleme mehr wie: „Wo bin ich? Wie spät ist es? Wer bin ich?"

Im Oktober 1968 spürte ich das Ende nahen. Die körperlichen Kräfte nahmen ab.

Als ich von einem Konzert nach Hause fuhr, wurde plötzlich mein rechter Arm während der Fahrt gelähmt, ich hatte kein Gefühl mehr darin, kein Handgriff war mehr möglich. Ein toter Zweig. Während 200 km mußte die linke Hand über das Lenkrad greifen und die Schaltung bedienen.

Als ich zu Hause ankam, ging ich an der Tür unserer kleinen Kapelle vorbei. Ich trat ein, um zu beten. Auswendig sprach ich den 88. Psalm:

> Herr, du Gott meines Heils, zu dir schreie ich am Tag und bei Nacht.
> Laß mein Gebet zu dir dringen, wende dein Ohr meinem Flehen zu! Denn meine Seele ist gesättigt mit Leid, mein Leben ist dem Totenreich nahe.

Schon zähle ich zu denen, die hinabsinken ins Grab, bin wie ein Mann, dem alle Kraft genommen ist.
Du hast mich ins tiefste Grab gebracht, tief hinab in finstere Nacht.
Schwer lastet dein Grimm auf mir, all deine Wogen stürzen über mir zusammen.
Die Freunde hast du mir entfremdet, mich ihrem Abscheu ausgesetzt; ich bin gefangen und kann nicht heraus.
Mein Auge wird trübe vor Elend, jeden Tag, Herr, rufe ich zu dir; ich strecke nach dir meine Hände aus.
Herr, darum schreie ich zu dir, früh am Morgen tritt mein Gebet vor dich hin.
Warum, o Herr, verwirfst du mich, warum verbirgst du dein Gesicht vor mir?
Gebeugt bin ich und todkrank von früher Jugend an, deine Schrecken lasten auf mir und ich bin zerquält.
Über mich fuhr die Glut deines Zorns dahin, deine Schrecken vernichteten mich.
Du hast mir die Freunde und Gefährten entfremdet; mein Vertrauter ist nur noch die Finsternis.

Ich ging in mein Zimmer und drehte den Schlüssel mit der linken Hand um. Drei Tage später konnte ich den rechten Arm wieder bewegen. Ich konnte also auch weiterhin Konzerte geben.

In dieser Zeit betete ich wie ein Verlorener. Tag und Nacht, aber vor allem nachts. Am Kopfende meines Bettes hängt das Kruzifix aus Kupfer, das mir die Jesuiten zum 20. Geburtstag geschenkt haben. Das Kreuz hat mich überallhin begleitet, und während des Krieges war es in der Tasche meines Waffenrockes. Und auf dieses Kreuz, zucken Sie nicht mit den Schultern, habe ich hundertmal, tausendmal meine Hand gelegt. Meine Hand auf ihn, einfach so, ohne besonderen Grund, aus Kameradschaft, spontan als ein Unglücklicher vor einem anderen Unglücklichen, ohne etwas zu erbitten, ohne etwas zu sagen.

Aber diese Geste bedeutete ungefähr dies:

„Herr Jesus, wir sind schon lange Freunde, und du kennst mich als redlichen Menschen, du weißt, ich will niemand Böses tun. Du weißt, ich bin dein Freund, du weißt, ich singe für meine Brüder. Du weißt, daß es mir weder um Geld noch Ruhm geht. Du weißt auch, daß ich alt und häßlich werde. Ich habe die Jugend verloren, den inneren Mut, die Gesundheit, die Freunde. Ich habe fast alles verloren, nur dich nicht. Bitte, vergiß mich nicht."

Ich aß fast nichts mehr, ich sprach fast nicht mehr, ich wusch mich nicht mehr, ich schlief nur noch mit Schlafmitteln. Ich hatte nicht mehr die Kraft, irgendeine Entscheidung zu treffen.

In meinem Zimmer lag z. B. in der Nähe des Fensters ein rotes Weinblatt, vom Herbstwind hingeweht. Zehnmal am Tage habe ich versucht, es hinauszuwerfen, zehnmal sperrte sich mein Wille dagegen.

Niedergeschlagenheit, plötzlich aufsteigende Wut gegen mich selbst, übersteigertes Glücksverlangen, der Drang, aus meinem Zimmer zu fliehen, meinen Kollegen aus dem Wege zu gehen, außer Landes zu reisen. Ekel vor dem Plunder, vor dem Geld, vor Auszeichnungen, Ekel vor der feinen Lebensart, vor schönen Phrasen, vor der Geistreichelei, Ekel zum Verrecken vor dem ganzen Theater.

Ihr Gesunden, ihr christlichen Brüder, in diesem Zustand habe ich mit euch gesungen, ihr Leute aus Roanne, Vichy, Palermo und Frankfurt und ich weiß nicht, wo noch. Immer wieder habe ich euch gesagt: „Brüder, das Unglück existiert, aber Jesus auch."

Das letzte Lied eines Konzertes, wo, weiß ich wirklich

nicht mehr, hieß: „Der Herr wird wiederkommen." Erinnern Sie sich an die letzte Strophe?

Wir werden alles für ihn sein,
Wenn er kommt.
Und die Tränen unseres Lebens wird er trocknen,
Wenn er kommt.

Erinnern Sie sich? Ich mußte die Augen schließen, weil mich die Rührung übermannte und meine Wimpern naß wurden. Ich preßte sie aufeinander, aber die Tränen flossen trotzdem.

Wenn man so verzweifelt ist, kann man mit niemand mehr in Verbindung treten.

Die Menschen in den Straßen kommen einem wie Schatten vor. Ein kleines Mädchen drehte sich nach mir um, ein Schatten. Das Telefon läutet, ein Schatten spricht aus einem fernen Land. Meine Tür geht auf, ein Schatten blickt mich an, lächelt unfreundlich. Ich verstehe kein Wort von dem, was er sagt.

Ja, ich bin wie ein krankes Tier, das sich in seinem Wald aus Schatten eingegraben hat.

„Konnten Sie nicht um Hilfe rufen?" – „Aber wen, Monsieur?" Einen Gesunden zu finden, der vom Alkohol spricht, ohne Unsinn zu reden, ist beinahe unmöglich.

Einen Priester um Hilfe bitten? Er hätte mir geraten zu beten. Aber ich betete ja schon immerfort.

Einen Arzt? Er hätte mich gefragt, wo es weh tat. Und er hätte mich mit Palfium oder Beruhigungsmitteln vollgestopft. (Vergeblich, das wußte ich aus Erfahrung).

Zufällig traf ich Doktor Bastien bei sich zu Hause. Vor meinen Augen warf er die Palfium Tabletten in den Abfalleimer, mehr tat er nicht, und das war ein vielversprechender Anfang, reichte aber nicht.

Einen Freund? Eines Abends rief ich Morvan Lebesque an, einen Journalisten:

„Morvan, ich habe es satt."

„Was ist los?"

„Ich bin seelisch auf Null."

„Was soll ich da machen? (Gutmütiges Lachen) Ich bin nicht Gott Vater." Also auch mein Freund Morvan, der handfeste Morvan, konnte nichts tun.

Weihnachten 1968? Fragen Sie nicht, wie ich es fertig gebracht habe, aber ich habe die Mitternachtsmesse gesungen. Wahrscheinlich hat man mir gesagt, daß man mich brauche.

Vergeblich wartete ich auf einen Menschen, neutral, objektiv und kompetent, der mir laut ins Ohr schrie: „Sie sind Alkoholiker, also krank." Vergeblich, denn dieses Wort ängstigt die Gesunden und macht sie stumm. In den Ohren der Kranken dagegen klingt das Wort so schrecklich, daß sie taub werden.

Ich verbrachte meine Tage außerhalb von Zeit und Raum und klammerte mich an die einzige Freundschaft, die Treue versprach: an den an das Messingkreuz genagelten Herrn an meinem Kopfende. Mit ihm versuchte ich noch, gute Miene zum bösen Geschick zu machen. Mein armer Jesus, sagte ich zu ihm, da sind wir ja beide noch davongekommen. Es tat mir gut, den Unbekümmerten zu spielen, wenn ich mir auch fünf Minuten später vor dem Spiegel meines Bades sagte: „Mein armer Lucien, du sitzt jedenfalls in der Tinte."

Als ich einmal am Ende meiner Nerven, überhaupt meiner Kräfte war (es sollte nicht mehr lange gehen), passierte mir eine unglückselige Geschichte:

Eine Dame von ungefähr 50 Jahren arbeitete seit langem im Hause. Es war eine einfache, freundliche Frau, auch imstande, so glaubte ich, die Dinge des Lebens zu verstehen. Eines Abends sagte ich zu ihr: „Madame, ich würde Sie gern heute abend sprechen, nach Ihrer Arbeit, bei Ihnen zu Hause, damit wir Ruhe haben." Sie hörte auf zu arbeiten, sah mich seltsam an, sagte kein Wort, drehte mir den Rücken zu und nahm offensichtlich schockiert, ihre Arbeit wieder auf.

Gedemütigt und verbittert ging ich in mein Zimmer zurück. „Alle sind verrückt geworden." Auf jeder Stufe, die ich zu meinem Zimmer hinaufstieg, wiederholte ich: „Alle sind verrückt, denken immer nur das Schlechteste. Mit diesen Leuten habe ich nichts mehr zu schaffen." Am Fenster liegt immer noch das rote Weinblatt.

In meinem Terminkalender steht: Konzert in Malta für junge Leute. Ein weiteres Konzert in Frankreich für alte Menschen. Danach werden meine Eintragungen unleserlich.

Mein Freund Paul aus Basel versuchte, mir zu helfen. Ich fuhr zu ihm, und er brachte mich in einem Raum aus Beton, der über seiner Kirche lag, unter. Dort verkroch ich mich. Er kam oft, um nach mir zu sehen. Ich blickte in sein freundliches Gesicht, das mir zulächelte, und vernahm seine ruhige Stimme: „O, Lucien, du bist ein Kind der Nacht."

Freunde aus Valenciennes luden mich einige Tage zu sich ein, um mir zu zeigen, daß sie mich mochten. Ich hoffe, sie werden eines Tages erfahren, daß ich mich ihrer erinnern werde, bis ich die Augen schließe. Der Balsam der Freundschaft tut zwar gut, aber heilen kann er nicht.

Aber ihr anderen, ihr Großsprecher, ihr Ratgeber mit erhobenem Zeigefinger und eures guten Gewissens so sicher, ich bitte euch, haltet den Mund, wenn es um einen Alkoholiker geht. Ihr seid anderen Geistes Kind, der nicht der unsrige ist. Eure Hände sind zu steif und euer Geist zu schwerfällig, um das Knäuel unserer konfusen Gedankengänge zu entwirren.

Februar 1969, ich kann nicht mehr leben. Ich kann mich, so wie ich bin, nicht mehr ertragen, auch nicht die Welt, so wie sie ist. Diese geizige, harte, geldgierige Welt. Diese Welt, die immer von Wissenschaft und Vernunft spricht und nie von Zärtlichkeit.

Ich wollte also weggehen in das Land der Glücklichen, dorthin, wo Menschen guten Willens mich erwarten, versammelt um den großen Herrn Jesus Christus.

Gegen 22 Uhr rief ich also mein Mädchen Pascale an. Und während ich mit ihr sprach, begann ich Sintron-Tabletten hinunterzuschlucken (ein Medikament, in ganz kleinen Dosen für Herzkranke bestimmt, um ihr Blut flüssig zu machen). Zwanzig Tabletten anstatt einer Viertel Tablette täglich. Vielleicht waren es auch mehr. Aber wenn der große Abschied beschlossene Sache ist, vertrödelt man seine Zeit nicht mehr mit Zählen, weder die Tabletten noch die Sünden, und sucht auch nicht nach Gründen, um auf dieser Erde zu bleiben.

Angst zu sterben? Nein. Ich war sicher, daß Jesus, der beste unter allen Menschenkindern, selbst in etwa erfahren hatte, was ich jetzt empfand, daß der Augenblick gekommen war, ihm wieder einmal zu vertrauen.

Ich überlegte, wie unbegreiflich das Leben doch sei, wie rätselhaft, was weiß man schon davon, und diese Unwissenheit werde immer unerträglicher. Das sagte ich Pascale und schluckte dabei meine Tabletten.

Angst wegen meiner Sünden? Durchaus nicht. Die Hoffnung ist stärker als alle anderen Gefühle, überwiegt Ängste, Reue, Zorn. Die Elaborate der Moralisten haben mir noch nie etwas gesagt. Meine Sünden und meine Tugenden haben das aus mir gemacht, was ich bin: ein armes Würstchen voll guten Willens.

War ich ruhig? Nein, im Gegenteil, sehr aufgeregt bei dem Gedanken, der anderen Welt so nahe zu sein, einer Welt, die das „verbesserte“ Abbild der unseren ist und nahe darüber hinaus der Erscheinung Gottes. Endlich würde man alles verstehen können, das Böse, die Dummheit der Menschen und vor allem den rätselhaften Starrsinn Gottes, sich zu verbergen. Auch das Gute würde man verstehen, die Schönheit, die Vergebung, die Zärtlichkeit, von der ich bisher nur einen fernen Abglanz kennengelernt habe. Oh, mein sanftes kleines Mädchen Pascale ...

Es ist jetzt 2 Uhr 40. Aix liegt hinter mir. Rechts, unter tiefhängendem Himmel, die Lichter von Marseille. Die Straße ist naß, die Sicht gut. Ich esse ein Käsebrot und zwei Mandarinen. Ich bin in gehobener Stimmung, wie ein Pferd, das vorwärtsdrängt, weil es den Stall riecht. Ein bißchen müde bin ich doch, es ist hart, diese Erinnerungen aus der Tiefe des Brunnens heraufzuholen.

Mir ist, als hörte ich einige von ihnen sagen: „Weiter, Lucien, wir verstehen, was Sie sagen wollen.“ Während andere sich noch sträuben: „Nein, was denken Sie! Soweit sind wir doch noch nicht.“ Geduld, meine Brüder. Ihr werdet noch dorthin kommen. Vorgeschriebene Marschrichtung: weißer Pfeil auf blauem Grund.

In jener Nacht legte ich den Hörer auf: „Auf Wiedersehen, mein liebes Mädchen“, und dann leerte ich die Schachtel Sintron.

Die erste erstaunliche Antwort des Herrn, der an der Wand über meinem Bett hing, kam gleich darauf! Mein Freund Noir betrat mein Zimmer, ohne anzuklopfen, ohne ein Wort zu sagen.

Ich glaube, nie zuvor ist er zu so später Stunde in mein Zimmer gekommen. Warum? Ich weiß es nicht. Aber im

Leben eines Alkoholikers gibt es so viele erstaunliche Begebenheiten, daß er gar nicht mehr versucht, sie zu erklären. Und der kleine Junge, der den in den Baumzweigen wandelnden Mond bestaunte, wird sich von jetzt an damit begnügen, offenen Mundes die Zeichen zu vermerken. Die Zeichen einer geheimnisvollen Zärtlichkeit, die mich eigentlich nie verlassen hat. Noir ergriff das Telefon und bestellte einen Krankenwagen.

Im Krankenhaus nahm man mir sofort Blut ab (während der Nacht noch mehrere Male) und gab mir Vitamin-K-Spritzen, um die normale Blutgerinnung wiederherzustellen. Ich habe nicht Danke gesagt. Scham? Wut? Gleichgültigkeit gegenüber dem, was passiert war? Zweifellos von allem etwas.

Drei Wochen später verordnete man mir Heilschlaf. Vor dem Guckloch an der Tür standen die anderen psychisch Kranken Schlange, um das seltsame Tier zu bestaunen. Und ich betete:

„Mein Gott, der du auch über Marienkäfern wachst, verlaß mich nicht. Ich habe nur noch Vertrauen zu dir und zu niemand sonst. Selbst wenn ich überhaupt nichts mehr verstehe von dem, was vorgeht, werde ich ohne Angst mit dir gehen bis ans Ende meines Lebens. Wenn mich bloß niemand mehr durch das Guckloch an der Tür anstarren würde, wäre ja schon viel gewonnen."

Drei Wochen später sind wir zu viert mit meinem Wagen (Peugeot 403) nach Versailles gefahren.

Während der Fahrt flüsterten Noir und Brandicourt miteinander und betrachteten dabei ein Blatt Papier. Das betraf mich, aber ich wagte nicht zu fragen, außer:

„Wohin fahren wir?"

„Zu Doktor Fouquet. Warte ab, da bist du gut aufgehoben."

Empörung durchfuhr mich. Da haben wir's, immer

noch dasselbe, man entscheidet, ohne mich zu fragen. Wie ein Kaninchen werde ich auf den Markt geschleppt.

Fouquet sprach zuerst allein mit Brandicourt. Und meine drei Kollegen fuhren mit meinem Wagen nach Hause.

Mein Wagen, das einzige, was mich noch mit den Lebenden verband. Und ich liebte ihn auch ein bißchen. In ihm unterhielt ich mich, betete und weinte auch manchmal. Mit seiner Hilfe suchte ich seit einiger Zeit einer Welt zu entkommen, die ich nicht mehr liebte.

Diagnose der Krankheit

An diesem 2. Mai 1969 blieb ich also allein bei Fouquet. Er wirkte jung, sympathisch und intelligent. Und entspannt, das ist wichtig, wenn die eigene Seele wie gerädert ist. Er stellte mir die beiden Krankenschwestern der Klinik vor. Zurückhaltend und freundlich antworteten sie auf meine Fragen. (Uff! Wie lange schon stellte ich mir Fragen!) Sie redeten mich mit ‚Monsieur' an, und dieses respektvolle Allerweltswort gab mir etwas von meiner Identität zurück. Ich war kein Tier, sondern ein Mensch.

Die ersten Tage vergingen friedlich und schläfrig.

Am dritten Tag fand ich auf meinem Frühstückstablett vier Seiten Gedrucktes: Erstes Gespräch.

Auf ein paar Begrüßungsworte folgten einige Sätze, mit denen Fouquet zu verstehen gab, daß er meine Bestürzung verstand, als Kranker in eine fremde Klinik zu kommen. Und dann sprang mir ein Wort ins Auge. Das Wort Alkoholiker.

Flüchtig las ich alles übrige und kam wieder zu dem Wort zurück, das mich faszinierte. Alkoholismus. Also das war es, meine Beschwerden, meine Ängste, meine schrecklichen Nächte. Das war es also.

Glauben Sie mir, wenn Sie können. Das bedeutete für mich eine Offenbarung, in der sich Erschrecken und Erleichterung die Waage hielten. Ich sagte mir, Fouquet ist ein intelligenter Mensch, was er sagt, muß stimmen. Dieses Wort Alkoholiker, das man denen, die man verachtet, ins Gesicht schleudert, Fouquet teilte es mir ganz ruhig schriftlich mit.

Und als er mich einige Minuten später besuchte, fuhr es mir ganz töricht heraus:

„Doktor, ich bin also ein Alkoholiker? Alles, was ich durchgemacht habe, ist auf Alkoholismus zurückzuführen?“ Er antwortete ruhig, lächelnd und seiner selbst sicher: „Ja, das ist es, Alkoholismus.“ Er ging hinaus und ließ die Bombe zurück.

Warum habe ich das nicht gewußt? Diese Frage kam mir natürlich sofort.

Ein Grund, zwar oberflächlich, aber doch wesentlich: Weil ich keine Zeit hatte, mich für mich selbst zu interessieren. (Mein Leben rollte viel zu schnell ab.) Außerdem habe ich eine ungewöhnliche Widerstandskraft gegenüber körperlichen Schmerzen. Diese Härte habe ich von meinem Vater und besonders von meiner Mutter.

Der zweite Grund war bedenklicher. Ich wollte das Problem meines Alkoholismus nicht wahrhaben. Es ist in der Tat schwierig, zuzugeben, daß man Probleme mit dem Alkohol hat, wenn man keine Lösung weiß. Wenn ein Alkoholiker keine Lösung weiß, trinkt er weiter und ertränkt sein Problem. Er verbirgt sein Problem vor sich und anderen.

Mit Fouquet war es anders: er schien eine Lösung zu wissen, also fiel es mir nicht schwer, zuzugeben, daß da ein Problem war. Doktor Fouquet hat mir ein Licht aufgesteckt. In seinen vierzehn Kapiteln, die er mir scheibchenweise morgens servierte, machte er mir folgendes klar.

Der Alkoholiker leidet an einer fortschreitenden und unheilbaren physischen Krankheit, weil seine Leber allmählich und chronisch immer weniger ihre Arbeit, den Alkohol umzusetzen, leisten kann. Auch das wenige, das er täglich hinuntergießt, summiert sich in seinem Körper. Der Alkoholspiegel neigt also dazu, sich zu stabilisieren, selbst wenn der Konsum nachläßt. Klar, daß der Rat, ‚Trinken Sie wenig, aber etwas Gutes', für einen Alkoholiker sinnlos ist. Kurz, ein Alkoholiker darf überhaupt nicht mehr trinken. (Und es ist beinahe kriminell, das Gegenteil weismachen zu wollen.)

Außerdem hat der Alkoholiker, so hat mir Fouquet gesagt, psychologisch bedingte Beschwerden, die in Art und Intensität sehr verschieden sein können. Dieses Unwohlbefinden ist die Ursache seines Wunsches zu trinken, seines Bedürfnisses nach Alkohol. Der Alkoholiker hat dieses Unwohlsein nicht verschuldet und oft (so war es jedenfalls bei mir) ist er sich dessen nicht einmal bewußt. Ich brauchte, und ich rede aus Erfahrung, ungefähr fünf Jahre, um selbst klar zu sehen, um die Art dieses Unwohlseins zu erkennen.

Am Ende dieser drei Wochen, so lange dauerte mein Aufenthalt bei Fouquet (ich würde ihn gerne meinen Freund nennen, nur die Dankbarkeit hindert mich daran), hatte ich im Grunde nur eine Sache verstanden: ich bin ein Alkoholkranker.

Ich bin ein Kranker, kein Schuft, kein armer Kerl. Und diese ganz neu entdeckte Wahrheit machte mich glücklich. Ein Kranker, versteht ihr. Ihr, die ihr mich von der Seite anseht, verurteilt, euch auf der Straße abwendet, ganz ostentativ die Nase hochzieht, wenn ich euch grüße, die ihr mich verachtet, wenn ich etwas durcheinander rede oder stolpere.

Ich bin ein Kranker, das stimmt, aber ich hatte Lust, wie auf der Bühne beiseite zu sprechen: Ihr seid unehrlich, wenn ihr mich verachtet, wenn ihr nicht versucht, mich zu verstehen, wenn ihr mich aus der Liste der Lebenden streichen wollt. Der Alkoholismus ist eine

Krankheit, kein Makel. Er ist ein Leiden, kein Vergnügen. Er ist Sklaverei, kein Jux.

Nach drei Wochen Arbeit bei Fouquet war ich in der Lage, mich nüchtern zu beurteilen und zum ersten Mal begann ich, einen gewissen inneren Zusammenhang in meinem Leben zu erkennen, und das tröstete mich. Und ich schämte mich auch ein bißchen, den Mantel des neuen Menschen, der ich sein wollte, beschmutzt zu haben.

„Wie tief ich mich in Schande verstrickt,
Das zu erzählen, schickt sich nicht."

Die letzten Seiten, die ich auf dem Frühstückstablett fand, offenbarten Scharfblick und Freundschaft:

„Auf keinen Fall, schrieb Fouquet, dürfen Sie den Eindruck haben, daß Sie auf sich allein gestellt kämpfen. In einer herzlichen und mitfühlenden Atmosphäre werden wir zusammen die richtigen Wege finden, um schließlich den Sieg davonzutragen. Gute Fahrt und bis bald."

Danke, Doktor Fouquet. Wenn die sechs Millionen Alkoholiker in Frankreich Sie kennten, nähme sich keiner mehr das Leben, und zu Hause würden die Tränen versiegen. Ihre Frauen hätten keine Angst mehr, nach Hause zu kommen.

Hier ist der Brief, den Doktor Fouquet über mich an meinen Vorgesetzten schrieb:

„Was den Körper betrifft, günstige Entwicklung. Er kann wieder schlafen, nimmt an Gewicht zu und hat wieder Appetit. In psychologischer Hinsicht hat Lucien zuverlässig und intelligent in der Kur mitgearbeitet. Er war imstande, seine Vergangenheit gescheit und treffend zu analysieren und hat dabei die schädliche Rolle des Alkohols erkannt. Ich denke, wir können auf diesem Gebiet eine Erfolg versprechende Stabilisierung erreichen."

„Was seine künftige berufliche Orientierung betrifft, so griff er besonders den Gedanken des Journalismus auf. Zusammenfassend läßt sich sagen, daß sein Aufenthalt hier positiv war. Aber ich möchte ihn gerne in regelmäßigen Abständen wiedersehen, damit die bereits zu verzeichnenden Ergebnisse gefestigt werden können."

Was den Journalismus angeht, so hatten die Zeitungen ‚Ouest-France' und ‚L'Est Républicain' ohne weiteres eingewilligt, mich versuchsweise zu beschäftigen. Dafür bin ich dankbar. Aber heute, da ich die Krankheit besser kenne, weiß ich, daß der Kern des Problems in mir selbst lag. Es ging nicht darum, den Beruf zu wechseln, sondern meinen Kopf. Den Beruf wechseln, auswandern, heiraten, ich hätte es gekonnt. Aber was hätte das an meinem Kopf geändert?

Die Tankuhr zeigt, daß das Benzin noch für 100 km reicht. Nizza kann nicht mehr sehr weit sein. Die Angst, ohne einen Tropfen Benzin dazustehen, ist die gleiche wie vor einer leeren Flasche. Im Kofferraum habe ich noch einen Kanister mit zehn Litern.

Juli 1969, ich bekomme wieder Geschmack am Leben. Und am 21. Juli sehe ich am Fernsehen, wie Armstrong den ersten Schritt auf dem Mond tut. „Ein kleiner Schritt für die Menschheit". Ich war direkt gerührt. Ich, der ich als kleiner Junge mit dem Mond gespielt habe, sah Armstrong neidisch zu.

In Nancy habe ich nicht getrunken, aber glücklich war ich nicht. Die Gründe für mein Trinken hatten sich ja nicht geändert. Ich war nicht glücklich, hatte sogar Angst bei dem Gedanken eines Rückfalls.

Tatsächlich ging es ja um sehr viel mehr, als mit einer Gewohnheit zu brechen. Der Alkohol war mehr als eine

Gewohnheit, er war eine psychologische Notwendigkeit. Vage empfand ich, daß man nicht durch Zufall zum Alkoholiker wird, sondern zwangsläufig. Vielleicht handelte es sich um eine biologische Notwendigkeit, aber ganz sicher um eine psychologische.

Was war zu tun und wie, was mußte in meinem Kopf verändert werden, damit ich den Alkohol nicht mehr brauchte? Dieselben Ursachen, die zu denselben Wirkungen, denselben Wünschen, denselben Ängsten, derselben Empörung führten, würden mich zu derselben Flasche treiben. Und genau so kam es.

Zwei Monate und neun Tage nachdem ich Fouquet verlassen hatte, fuhr ich mit ungefähr zwanzig Familienmitgliedern im Auto zur Hochzeit eines Neffen, der Offizier in Coëtquidan war. Die Schwester der jungen Frau heiratete einen anderen Offizier.

Viele Leute bei der Zeremonie. Ich spreche von der Schwierigkeit, den Beruf eines Militärs mit den Forderungen des Evangeliums in Einklang zu bringen. Einigen Offizieren gefällt das nicht. Das war vorauszusehen. Sie werden bezahlt, um die Menschen zu schützen, und ich, um ihren Bedarf an Zärtlichkeit zu stillen. Das ist kein Gegensatz, könnte aber nachdenklich machen.

Am Abend wurde getanzt. Alle sind vergnügt und gelöst. Mein Neffe tritt an den Tisch, wo ich gerade schreibe und sagt: „Nonon, trinkst du ein Glas Champagner mit uns?"

In meinem Kopf ein kurzes Ringen: ein Glas, nur ein Glas. Ich muß mich auf die Stimmung hier einstellen, sage ich mir, ich darf mich nicht absondern. Ich muß ihnen zeigen, daß ich genau wie sie das Leben liebe. Der innere Kampf dauerte ein paar Sekunden und ich sagte: „Gern".

Nach zwei Monaten völliger Abstinenz kam mir der

Champagner sehr stark vor und schmeckte unangenehm. Kein Verlangen nach einem zweiten Glas.

Ich wurde nicht krank, aber ein Teil meines Selbstvertrauens war in die Brüche gegangen. Eine seltsame Angst begann in meinem Kopf umzugehen.

Eine wichtige Voraussetzung meiner Krankheit wurde mir plötzlich klar: Ich hatte nicht gewagt, meinen Neffen vor den Kopf zu stoßen, indem ich seine Aufforderung, ein Glas Champagner mit ihm zu trinken, zurückwies. Genau so wenig werde ich wagen, Fouquet zu belästigen und ihn um Hilfe zu bitten. Ich werde also in der Zwickmühle stecken. Vom Temperament her will ein Alkoholiker nie stören.

Während des Paso Doble überfällt mich die Angst.

Auf der Rückfahrt aßen wir in einem Dorf, dessen Namen ich vergessen habe, zu Mittag, im Familienkreis. Wie die anderen auch trank ich ein Glas Rotwein. Beim Abendessen in den Vogesen ein Glas Rotwein. Am nächsten Tag in Nancy ein Glas Rotwein. Am Abend ein Glas Rotwein. Das ist normal, werden Sie sagen. Es war aber eine Katastrophe.

Am übernächsten Tag in Clermont-Ferrand, wo ich ein Konzert gab, ein Glas mittags, ein Glas abends.

Dann sehe ich in meinem Notizbuch: „30. September, Konzert in Roanne, krank." – „14. Oktober, Konzert in Besançon, krank." „17. Oktober, Mülhausen, krank." Und weiter steht nichts mehr in meinem Terminkalender. Ich weiß nur, daß ich eines Tages bei zwei Gläsern Rotwein mittags und vier Gläsern abends angelangt war.

Und alles fing unerbittlich von vorne an: die Verzweiflung, die Selbstverachtung, die Scham, ich wurde in einem Räderwerk mitgerissen, ich war der Hanswurst Charlie Chaplin in ‚Moderne Zeiten'. Es nahm wieder seinen Lauf, und es war schlimmer als vor meinem Aufenthalt bei Fouquet.

Am Ende meiner Nerven, entmutigt rief ich bei Fouquet an, ein Jahr, nachdem ich ihn verlassen hatte. Er sagte: „Kommen Sie“, und ich fuhr allein in meinem Wagen hin.

Aber im Gegensatz zu meinem ersten Aufenthalt, gelang es mir dieses Mal nicht, wieder auf die Beine zu kommen. Ich ekelte mich vor mir selbst. Ich hatte nicht mehr die Ausrede der Unwissenheit. Ich wußte, daß ich nicht mehr aufhören konnte. Die Freiheit, vom Alkohol loszukommen, war zerronnen. Das Ende konnte nur der Tod sein. Nie habe ich so ersehnt zu sterben.

Hier ist der Brief, den Fouquet an meinen Vorgesetzten schrieb: „Der Zustand Luciens macht mir große Sorge. Bei seiner Ankunft war er sehr deprimiert, erschöpft, vergiftet.“

Es stimmt, wenn ich mich an diese drei Wochen erinnere, läuft es mir kalt über den Rücken. Niedergeschlagen stand ich morgens auf. Ich aß kaum etwas. Ich ging nicht in die Stadt. Ich irrte im Haus umher. Ich lächelte den Schwestern nicht mehr zu. Langsamen Schrittes drehte ich meine Runden im Garten wie eine Kuh auf der Weide.

Den lieben langen Tag brütete ich über schwarzen Gedanken, die mich auch nachts nicht losließen. „Du kannst nicht mehr aufhören, Lucien. Du pfeifst auf dem letzten Loch. Du willst den Menschen Freude machen und bist doch selbst todtraurig. Du willst die Kranken trösten und hast selbst nicht mehr einen Funken Optimismus. Du wolltest die Menschheit lieben und der Haß auf dich selbst schnürt dir die Kehle zu.“ Packeis, Kälte, Trostlosigkeit ringsum.

Wenn ich jetzt, wohlig warm in meinem R 20, daran zurückdenke, spüre ich es kalt im Rücken.

Wenn ich davon spreche, so nicht, um Ihr Mitgefühl herauszufordern, so auf die Tour: „Armer Lucien, ein so guter Priester, ein so sensibler Mensch." Mitleid hilft nicht, Ermutigungen übrigens auch nicht.

Wenn ich davon spreche, so, weil ich an die sechs Millionen Alkoholiker denke, die vielleicht in dieser nebligen Nacht den Tiefpunkt ihrer Einsamkeit erreicht haben.

„Alkoholkranker Bruder, wenn du heute nacht in der gleichen Lage bist, wie ich damals, dann freue dich! Du bist nicht am Ende deiner Kraft, du bist am Ende deiner Pein. Lach dir eins, dein Elend ist beendet. Wenn du es willst."

Ich nähere mich Nizza. Die Autobahn fällt sanft nach Nizza ab, und man kommt näher an die Küste. Schilder belehren mich, daß die Fahrbahnen verbreitert werden, die Beschilderung ist etwas durcheinander. Adieu Nizza, wo ich drei schöne Konzerte gegeben habe, guten Abend Bernard, guten Abend Cimiez oberhalb der Stadt, guten Abend Theater von Verdure. Die Autobahn steigt wieder an, um die Hügel zu nehmen.

Die Anonymen Alkoholiker. Das erste Treffen

Auch was meine Krankheit betrifft, geht es bergauf.

So gegen Ostern 1970 sagte mir Fouquet ungefähr folgendes: „In Versailles gibt es eine Gruppe der Anonymen Alkoholiker. Sie treffen sich jeden Freitag. Wenn Sie hingehen wollen, wird man sie abholen."

Ich hatte noch nie etwas von ihnen gehört. Auf die Idee, daß sie etwas für mich tun könnten, wäre ich nie gekommen. Stellen Sie sich vor, Säufer, Großmäuler, Angeber, die kannte ich zur Genüge. Sie sind nicht besser als ich.

Und außerdem hatte ich keine Lust, mich von einer Schar verkommener Typen vereinnahmen zu lassen und das bißchen Stolz, das ich noch hatte, ihnen zu überantworten.

Und diese Kneipen-Diskussionen, die kannte ich. Den Quatsch, den ich da mitangehört habe, über Politik, Geld, die Yankees, Lotto, die Weiber, die Pfarrer, über Keilereien, über „man muß sich wehren", über den Staat, der mit dem Schnaps sein Geld macht, alles das hängt mir zum Halse heraus. Mir fehlt auch die Kraft, die unsäglichen Dummheiten in bezug auf meinen Herrn Jesus anzuhören, die dämlichen Scherze über Liebe und Zärtlichkeit. Meine Überzeugung steht fest, ihr seid Idioten und ich kotze euch an. Bin ich auch erledigt, so will ich doch meinen Stolz behalten.

Über Alkoholismus jedenfalls würden sie mir nichts

Neues beibringen können. Ich habe genug Nächte damit verbracht, in dieser Hinsicht etwas klarer zu sehen.

Nun ja, wenn Fouquet mir gesagt hätte: „Fahren Sie hin, trösten Sie sie, das wird ihnen gut tun", dann wäre ich hingegangen, schließlich ist es mein Beruf, Gutes zu tun (!!). Und ich sah mich schon in ihrer Mitte, um einen Augenblick Ruhe bittend, und ihnen einen kleinen, von Herzen kommenden Vortrag halten.

„Meine Herren, ich bin Lucien, sicher haben Sie schon von mir gehört. Erinnern Sie sich, ich habe hier ein Konzert gegeben, im Kino Le Cyrano. Gut. Sehen Sie, meine Herren, die Krankheit des Alkoholismus ... Nein, nein, nicht weinen, bitte ein bißchen Selbstachtung", undsoweiter, undsoweiter.

Aber beim nochmaligen Überlegen tritt an die Stelle meiner heroischen Kino-Komödie eine dumpfe Angst. Ungefähr folgendes geht mir durch den Kopf: Fouquet kann mich nicht mehr retten, auch er sieht meinen Fall als hoffnungslos an. Er traut sich nicht mehr zu, mich zu retten, und das Vertrauen zu mir hat er auch verloren. Auf gut Glück versucht er etwas anderes. Ist der Tod so nahe?

Ein quälender Gedanke taucht immer wieder auf. Wenn ein Alkoholiker nicht herauskommt, können zwanzig Alkoholiker auch nicht herauskommen. Ein Alkoholiker plus zwanzig Alkoholiker, macht einundzwanzig Alkoholiker. Auf jammervolle Weise war ich auch noch stolz auf diese Logik. (Ich hätte wissen müssen, daß Logik nichts mit Alkoholismus zu tun hat, aber ich vergaß es absichtlich.) Wenn Sie selbst Alkoholiker sind, verstehen Sie ohne weiteres, welche riesigen Schaumgebilde ich einige Tage in meinem Kopf hin und her gewälzt habe. Ich muß hingehen, nein, nicht hingehen, ich sollte ein letztes Mal

Vertrauen haben, nein, lieber Augen zu, keine Entscheidung.

Es ergab sich, daß ich gar nicht anders konnte. Am 20. März 1970, fünf Tage nach Ostern, wenn ich mich recht erinnere, erschien ein hübsches Mädchen an der Klinikpforte:

„Ich heiße Christiane, ich bin Alkoholikerin, ich komme Sie abholen für das Treffen heute abend. Wenn Sie wollen.“

„Sehr gut, ich hole bloß meine Jacke.“ Im Auto war meine Kehle wie zugeschnürt. „Sie ist Alkoholikerin und sie spricht es aus.“ Während der Fahrt blickte ich neugierig in ihr stilles Gesicht, still und gelassen. Sie verstand meinen Blick und duldete ihn, weil sie aus Erfahrung wußte, daß sich eine Verwandlung vollzog, und daß der Kranke vor allem Frieden braucht. Der ihre färbte auf mich ab.

Keine nichtssagende Aufmunterung wie: „Machen Sie sich keine Sorgen, Monsieur.“

Kein Tadel wie: „Und das in Ihrem Alter, Monsieur“. Sie hielt vor einem Überweg, um einen Fußgänger vorbei zu lassen. Dann fuhr sie weiter, genau so ruhig, schweigend und ohne mich anzusehen.

Und ich spürte sofort, daß eine innere Sperre ins Wanken geriet. Ja, der Damm aus Härte, Stolz, Scham und Einsamkeit brach zusammen.

Vor allem die Einsamkeit. Zum ersten Mal sah ich eine alkoholkranke Frau. Am liebsten hätte ich geweint, zum ersten Mal nicht aus Trostlosigkeit, denn der kleine Junge hatte ja eine Kameradin gefunden.

Ich sah sie an, denn eine Schwester mit menschlichem Antlitz zu finden in der Steinwüste, in der ich mich befand, faszinierte mich.

Unbekannte junge Dame, die ich seit vierzehn Jahren nicht mehr gesehen habe, seien Sie gesegnet. Widersprechen Sie nicht, die Tränen sitzen mir locker, wenn ich an Sie denke.

Ich rede dummes Zeug, aber Sie haben ja keine Ahnung. In Liverpool bin ich eines Tages auf der Straße einem Wagen aus dem Departement 54, meinem Departement, nachgelaufen, er gab mir ein Gefühl der Sicherheit. Christiane hat also, ohne ein Wort zu reden, dem trostlosen Umherirren ein Ende gemacht.

Unbekannte junge Dame, erstes Glied der Kette, die mich aus der Wüstenei gezogen hat, seien Sie gesegnet.

Wir kamen zu dem Versammlungsort. Ungefähr zwanzig Leute waren schon da, die sich ruhig, ohne mich anzustarren, vorstellten. Nur ein kurzes Wort: „Ich heiße Jean, ich bin Alkoholiker", „Ich heiße Louise, ich bin Alkoholikerin." So machten sie es alle, ohne Scham, ohne Angabe. Nicht einer ließ sich einfallen, mich zu mustern oder zu trösten.

Dieses Wort „Alkoholiker", das so entsetzlich brutal klingt, weil ihm etwas Zwielichtiges anhaftet, weil Getuschel dahintersteckt, so wie bei den nächtlichen Ungeheuern meiner Kinderzeit, dieses Wort klang auf einmal genau so alltäglich wie „Ich stamme aus den Vogesen" – „Ich bin Musiker", und nahm ohne viel Aufhebens seinen Platz in einer Aufzählung von Titeln ein. So als ob ganz Versailles mir sagte: „Ich bin Beamter, ich bin Royalist, ich bin Führer im Schloß, ich bin 1.80 m groß, ich esse gern Sauerkraut." Genau so harmlos.

Etwas in meinem Kopf, das Riesenausmaße angenommen hatte, bekam Risse: die Scham, danach die Starrheit, die Verzweiflung, die für immer verschwand. Ich sage, für immer, denn die Verzweiflung wird geboren (wie ein gemeiner Kerl), lebt und wird sterben. Sie starb an jenem Tag, dem 20. März 1970.

Man ließ sich dann ohne Formalitäten, ohne Sitzordnung nieder. Der Leiter (den man Gruppenleiter nennt), las nach einigen Willkommensworten die Aufgabe der Anonymen Alkoholiker vor:

„Anonyme Alkoholiker sind eine Gemeinschaft von Männern und Frauen, die miteinander ihre Erfahrung, Kraft und Hoffnung teilen, um ihr gemeinsames Problem zu lösen und anderen zur Genesung vom Alkoholismus zu verhelfen."

Ich dachte: „Das sagt mir zu. Das ist mein Problem."

„Die einzige Voraussetzung für die Zugehörigkeit ist der Wunsch, mit dem Trinken aufzuhören. Die Gemeinschaft kennt keine Mitgliedsbeiträge oder Gebühren; sie erhält sich durch eigene Spenden.

Die Gemeinschaft AA ist mit keiner Sekte, Konfession, Partei, Organisation oder Institution verbunden; sie will sich weder an öffentlichen Debatten beteiligen, noch zu irgendwelchen Streitfragen Stellung nehmen."

Ich dachte: „Sicher sind sie deshalb anonym."

„Unser Hauptzweck ist, nüchtern zu bleiben und anderen Alkoholikern zur Nüchternheit zu verhelfen."

Diesen letzten, obwohl entscheidenden Satz, habe ich erst sehr viel später verstanden. Es ist ein Schlüsselsatz.

Er schloß sein kleines braunes Buch (ich habe die Farbe bemerkt, und alle Einzelheiten dieses Abends sind mir noch vierzehn Jahre danach gegenwärtig), und sagte:

„Wir sind anonym, damit Fragen des Prestige, von Diplomen, Bildung und Politik gar nicht erst aufkommen und uns entzweien. Wir werden unsere vereinten Kräfte brauchen, damit wir aus dem Elend, in das uns der Alkohol gestürzt hat, wieder herauskommen."

Dann kam der Augenblick, wo jeder aufgefordert wurde, von seiner Krankheit zu sprechen.

„Ich heiße Jean. Ich werde euch die Etappen meiner Talfahrt erzählen." Er erzählte alles, auch seine Selbstmordgedanken. Und wie verhielt ich mich? Ich verstand alles und ließ meine Augen nicht von den Sprechenden. Zwei oder dreimal hob ich die Hand und sagte: „Genauso ging es mir. Ich konnte morgens auch nicht einen Bissen herunterbringen." Beim dritten Mal wandte sich der Gruppenleiter lächelnd an mich: „Lucien, bitte den Sprechenden nicht unterbrechen."

Aber ich fuhr fort, zu mir selbst zu sprechen: das stimmt, was er sagt. Ich dachte, das träfe nur auf mich zu, aber ihm geht es genauso. Wie bei mir, ist es mit ihnen bergab gegangen. Auch er ist nachts aufgestanden, um zu trinken, auch er hat die Flaschen versteckt. Auch er mußte ein Doppelleben führen. Du stehst nicht mehr allein, mein Kleiner. „Du bist nicht mehr allein", das war die erste Entdeckung. „Sie sind wie du."

Die zweite Entdeckung: ich spürte, ich sah, daß sie nicht mehr tranken. Ein Alkoholiker kann sich da nicht täuschen. Wenn man seine schmerzlichen Erfahrungen so ruhig erzählen kann, muß man auf der anderen Seite des Abhangs angekommen sein.

Mehrere konnten darüber lachen. Ich brachte das nicht fertig, ich war zu ergriffen. Sie tranken nicht mehr, das sah man, schon an der gesunden Farbe ihrer Augen, an ihren Händen, die nicht zitterten, man hörte es an dem bedächtigen Ton ihrer Stimme, erkannte es an ihrem ruhigen Blick, an ihrem wiedergefundenen Humor.

Die dritte Feststellung, die bei weitem erstaunlichste, war, daß sie glücklich waren. Nicht aufgeregt, keine aggressiven Moralprediger, keine Wichtigtuer. Sie saßen nicht wie verschüchterte Sperlinge, sondern ruhig und gelassen auf einem tragenden Ast.

Sie sprachen von Stürmen, Gewittern, Tränen und Schiffbrüchen, und zwar mit der nüchternen Gelassenheit von Seeleuten, die am Kamin ihre Geschichten von Kap Hoorn erzählen.

Wenn es irgendwo einen Himmel gibt, was ich hoffe, werden die Geretteten einander fragen, wenn sie von der Erde sprechen: „Was war das eigentlich damals, Einsamkeit und Tränen? Was bedeutete das Wort Verzweiflung?“ Selbst die Klügsten werden es nicht mehr wissen.

Nun ja, die Frauen und Männer von Versailles sprachen leise, ohne Aufhebens von den schlimmsten Erlebnissen, ohne Aufregung, ohne Scham. Sie waren ruhig und geläutert und gleichgültig gegenüber der Vergangenheit.

Christiane sprach auch: „Ich heiße Christiane, ich bin Alkoholikerin. Es geht mir gut. In dieser Woche keine Probleme.“

Unaufhaltsam kam die Reihe an mich zu sprechen, und ich geriet ein bißchen in Panik, weil es in meinem Kopf etwas durcheinanderging: Sollte ich mein Wissen über die Alkoholkrankheit einbringen und durchblicken lassen, daß ich mehr wert war als meine Leiden. Damit würde ich mich von der Gruppe ausschließen und in meiner Einsamkeit verbleiben. Oder sollte ich auf die Wahrheit setzen, die frei macht und das sagen, was mir in den Sinn kam.

„Lucien, willst du etwas sagen?“ fragte der Gruppenleiter. Ach Gott, wie freundlich das Duzen klingt und wie geeignet es ist, Schranken zu beseitigen.

„Ja, ich danke euch. Ich heiße Lucien, und ich bin auch Alkoholiker. Ich spreche das zum ersten Mal laut aus. Zu mir allein habe ich es schon seit einem Jahr gesagt. Aber nie laut und besonders nie in der Öffentlichkeit.“

„Du bist nicht in der Öffentlichkeit, Lucien. Du bist bei uns.“

„Ich bin bei Doktor Fouquet. Er hat mir vorgeschlagen, zu eurem Treffen zu gehen. Ich habe es getan, weil ich mich am Ende meiner Kräfte fühle. Ich weiß nicht, was ich sagen soll. Zunächst, ich verstehe alles, was ihr gesagt habt, und es hat mich erschüttert. Ich weiß nicht, wo ich beginnen soll."

„Möchtest du da herauskommen, Lucien?"

„Ja, seit einem Jahr habe ich diesen Wunsch, aber ich kann nicht herauskommen. Ich falle von einem Schlamassel in das andere." Meine Kehle schnürte sich zu. Zehn Sekunden vergingen. Und ich faßte Mut.

„Ich habe es satt, satt, satt."

„Du hast Zeit, Lucien, den ersten Schritt unseres Programms hast du bereits getan. Im ganzen gibt es zwölf Schritte. Ich lese ihn dir vor: „Wir geben zu, daß wir dem Alkohol gegenüber machtlos sind und unser Leben nicht mehr meistern konnten."

„Ich möchte aufhören, aber ich kann nicht."

„Das ist eben die Krankheit, Lucien. Auch ich konnte es nicht. Keiner von den hier Anwesenden konnte es. Verlier nicht den Mut, Lucien. Geduld, Lucien."

Und als alle in der Runde gesprochen hatten, sagte der Moderator lächelnd: „Ich danke euch für diesen Abend. Und zum Schluß bitte ich die, die wollen, mit mir das Gebet um Gelassenheit zu sprechen, das von Oetinger stammt. Wir beten es in Verbundenheit mit den Millionen Anonymer Alkoholiker auf der ganzen Welt."

„Gott gebe mir die Gelassenheit, die Dinge hinzunehmen, die ich nicht ändern kann, den Mut, die Dinge zu ändern, die ich ändern kann, und die Weisheit, das eine vom andern zu unterscheiden."

Unglaublich. Die Anonymen Alkoholiker und ihr Gebet räumten bei mir auf mit lächelnder Unbekümmertheit. Drei Jahre Philosophie und Jahre der Selbstbemitleidung wurden hinweggefegt. Stört Sie das Wort Gebet? Kümmern Sie sich nicht darum. Lassen Sie die Anonymen Alkoholiker es damit versuchen, weil alles andere nichts genützt hat.

Ich versichere jedenfalls, daß ich niemals zuvor Gläubige so entspannt habe beten sehen und Ungläubige so vorurteilsfrei zuhören.

Danach stand man auf. Man konnte zwischen Kaffee und Fruchtsaft wählen. Und ich ging inmitten meiner neuen Freunde von einem zum anderen und wiederholte immer wieder: Das ist phantastisch. Ich habe noch nie etwas ähnliches erlebt. Ich habe so etwas nicht für möglich gehalten. Ich ging an Christiane vorbei, die mir zum ersten Mal zulächelte, aber ich wagte nicht, sie anzusprechen. Zu einem anderen Alkoholiker sagte ich: „Ich hoffe, es wird klappen." Als Antwort legte er mir schweigend die Hand auf die Schulter. Kein Wort der Ermutigung für die Zukunft, kein Wort, um die vergangenen Alpträume zu verharmlosen, so von der Art: „Natürlich, aber klar. Bloß nicht dramatisieren. Du wirst schon herauskommen, bestimmt." Er hatte sicher für sein Wissen bezahlt, daß man eben nicht leicht herauskommt und die schmutzigen Spuren unserer Schritte noch lange auf den Fliesen zu sehen sein würden.

Ein für alle Mal muß festgehalten werden: die AA verbergen die Wahrheit nicht hinter schönen Worten, um etwas durchaus Dramatisches zu bagatellisieren. Aber als Gruppe versuchen die AA, bei sich selbst klar zu sehen. Und jeder versucht mit dem Licht, das dabei auf ihn fällt, zurechtzukommen.

Ermutigung und Freundschaft wurden mir genügend außerhalb der AA entgegengebracht. Aber das Licht, d. h. die Erleuchtung brauchte ich, um die geheimnisvolle Verbindung zwischen dem Unglück und dem Wein zu verstehen.

Als mich Pierre, den ich während des Treffens nicht bemerkt hatte, zu Fouquet zurückfuhr, war meine kummervolle Hülle von meinen Schultern geglitten. Während der Fahrt lachten wir. Das war mir schon lange nicht mehr passiert.

„Glaubst du, ich komme da raus, Pierre?"

„Du machst es wie alle anderen, Lucien."

Wir fühlten uns wohl zusammen im Auto, so daß Pierre, als wir vor der Klinik ankamen, einwilligte, noch eine Runde zu drehen, weil er aus Erfahrung wußte, daß noch eine Menge aus mir heraus wollte. Wohin sind wir gefahren? Das weiß ich nicht mehr. Ich habe nichts wahrgenommen. Ich habe geredet, geredet, geredet. Der Staudamm hatte nachgegeben, nichts hielt die Flut mehr zurück. Bitterkeit, Ekel, Scham, alles wurde mitgerissen. Habe ich ihm gesagt, wer ich war? Sicher nicht.

Mein Name, der galt für die anderen. Für Pierre war ich nur ein kranker Mann, der ihn als Krücke für die ersten Schritte benutzt. Der Rest interesssierte ihn nicht.

Als wir von neuem vor der Kliniktür angelangt waren, sagte Pierre: „Zieh dich bitte nicht von uns zurück." – „Warum sagst du das?" „Weil du allein nicht herauskommst. Du mußt noch sehr viel lernen. Freu dich nicht zu früh." – „Was ist zu tun?" – „Bleib bei uns."

Das war ein Abend! In meinem Kopf drehte sich alles! Vor allem ihre Art und Weise, keine Ratschläge zu erteilen, damit ich langsam mein eigener Herr werde, nachdem ich so lange Sklave des Weines und anderer Fesseln (die ich erst später erkennen sollte) gewesen war. Keine Ratschläge, keine Argumente, keine Logik, keine Theorie. Ein einziger Rat: „Bleib bei uns, wenn du willst. Und alles wird sich entwickeln."

„Pierre, dieses Duzen bei den AA ist wirklich ein Volltreffer."

„Wir haben mehr als ein Fußballmatch zusammen gespielt, wir haben mehr als eine Niederlage gemeinsam durchgestanden. Die Fratze des Nichts haben wir alle schon aus der Nähe gesehen."

Gibt es ein einfacheres Mittel als Du zueinander zu sagen, um uns klar zu machen, daß wir fortan gemeinsam vorgehen, daß wir nicht schimpflich zugrunde gehen wollen. Das vereint uns. Der Rest: Ehren, Diplome, Bildung, Schmutz unter den Nägeln, der ganze Rest interessiert die Gruppe nicht.

„Du hast Zeit, Lucien", sagte Pierre, der spürte, wie mich der Überschwang zu überwältigen drohte. „Immer nur vierundzwanzig Stunden lang."

„Warum sprichst du von vierundzwanzig Stunden?"

„Weil Scham und Reue über die Vergangenheit dich durcheinander bringen könnten. Genau so wie die Angst vor der Zukunft. Diese leidigen Herzensregungen können dich wieder zur Flasche greifen lassen. Also, lebe erst einmal ganz brav vierundzwanzig Stunden."

„Das verstehe ich nicht."

„Geduld, Lucien. Ist Lucien dein Vorname?"

„Mein offizieller Vorname. Meine Brüder und Schwestern nennen mich Aimé."

„Sehr gut. Also, sei lieb zu dir." Er öffnete die Wagentür. „Gute Nacht, Lucien."

Einige Augenblicke dachte ich über den Ausdruck: ‚Sei lieb zu dir' nach. Das ganze Programm meines neuen Lebens wurde mir auf einem Tablett dargereicht, das ich instinktiv zurückwies. Aber später werde ich darauf zurückkommen müssen, um mein Leben neu zu gestalten.

Ich ging auf mein Zimmer. Es schien kleiner geworden, so sehr hatte sich mein geistiger Horizont erweitert.

In der Nacht kaute ich alles wieder, was ich gesehen und gehört hatte. Ich war nicht ruhig. Ich stand an einem Kreuzweg:

Der Widerspruchsgeist in mir, der Angeber, versuchte die Oberhand zu gewinnen und hielt mir tausend Gründe dafür entgegen, mit diesen Leuten nichts gemein zu haben.

Behalte deine Freiheit, mein Alter. Was nützt es, dein Elend ständig wiederzukäuen. Diesen vierten Schritt, den sie erwähnten, „Wir machten gewissenhaft und furchtlos Inventur in unserem Innern" ist ein erniedrigendes und unnützes Geduldspiel. Was hat das mit dem Alkohol zu tun?

Und dann die Anonymität? Nicht zu sagen, wer man ist, nicht sein ganzes Wissen einzubringen, nicht Farbe zu bekennen.

Und dann diese zwölf Schritte? Ich hatte schon die Zehn Gebote Gottes, die acht Gebote der Kirche und die Verkehrsregeln. Von Zwangsjacken hatte ich die Nase voll.

Was mich im Grunde wirklich in Schrecken versetzte, war die Aufforderung, mich so zu sehen, wie ich wirklich war. Vom Grunde des stehenden Wassers den ganzen Schlamm heraufzuholen, der sich in so vielen Jahren angesammelt hatte.

Ohne Alkohol, ohne die Hilfe dieses armseligen Freundes Alkohol erschien es mir unmöglich, meinem Leben, so wie es war, die Stirn zu bieten.

Dem Erstaunen der Kameraden gegenüberzustehen: Du trinkst nicht, Lucien?

Dem Geklatsche der Bekannten entgegenzutreten: „Hast du gesehen? Lucien trinkt nur Wasser. Er hat eben zuviel getrunken."

Den Mitbrüdern in Nancy ins Auge sehen (Noir ist mein Freund, er wird nichts sagen), aber die anderen werden es sich nicht verkneifen: „Lucien ist wieder da. Wie lange wird es dieses Mal dauern?" Ojemine.

Wie stets bringt mich meine Phantasie wieder zu dem Treffen der AA zurück. Ich habe nicht geträumt. Christiane, Gérard aus dem Gefängnis, Pierre, ich habe euch alle doch gesehen, und ihr ward glücklich. Ihr habt mir alle gesagt, daß man allein nicht herauskommen kann. Einige Zeilen Paul Eluards fallen mir ein:

> „Wir werden nicht ans Ziel gelangen, nicht allein, wohl aber zu zweien."

Und die Bibel sagt mir dasselbe: „Unheil dem Menschen, der allein ist."

Dieses Hin und Her zwischen Frieden, der akzeptiert, und Verhärtung, die zurückweist, erschöpfte mich. Wie der Kopf eines Sperlings, der auf dem Dach auf der Lauer ist, ein Ruck nach rechts, ein Ruck nach links: sie verlassen, sich an sie klammern. An meiner Eitelkeit festhalten oder anerkennen, daß die AA recht haben. Was tun?

Die sanfte Nachtschwester, die sanfte blonde Dame, kam herein, sicher weil sie Licht unter meiner Tür gesehen hatte.

„Alles in Ordnung, Monsieur Lucien?"

„Ja, Madame, aber ich bin nervös. Ich möchte so gerne herauskommen aus dem Ganzen, Madame."

„Wollen Sie eine Schlaftablette, Monsieur Lucien?"

Dann ging sie lächelnd und still hinaus.

Wie stellen es die AA an, um Ruhe und Frieden zu haben? Sie sind wie ich, aber sie haben diesen Frieden. Was tun? Und wie, womit beginnen? Was ändern? Keine Antwort.

Die AA hatten mir beim Fortgehen die kleine braune Broschüre gegeben. Ich stand auf und fand das Büchlein in meiner linken Jackentasche. Auf der letzten Seite fand ich, was ich suchte: „Gott gebe mir die Gelassenheit, die Dinge hinzunehmen, die ich nicht ändern kann ..."

Gegen Morgen kehrte Frieden auf dem Schlachtfeld ein.

Am anderen Tag war mein Hals nicht zugeschnürt und meine Seele nicht entmutigt, sondern ich spürte, daß ein neuer Tag beginnen konnte. Fouquet fragte mich, ob das Treffen gut verlaufen sei. „Ja, Doktor, ich glaube, ich habe jetzt den richtigen Zugang." Ich wagte nicht, von meiner neuen Hoffnung zu sprechen, weil es schwierig ist, den Augenblick zu benennen, wo die Nacht nicht mehr völlig Nacht ist, und der Tag noch nicht ganz Tag.

Nur der Hahn kann es einem sicher sagen.

Ich komme jetzt zum Zoll in Ventimiglia. Der rote Zeiger der Benzinuhr steht auf Reserve. Die Wasserflasche von Françoise ist leer, und ich habe Appetit auf einen guten Kaffee.

„Französischen Kaffee?" fragt mich der Kellner (d. h. mit Wasser verdünnt).

„Nein, einen italienischen."

Es ist nicht mehr neblig, die Luft ist mild. Wenn die Nacht schön ist wie heute, wirken die erleuchteten Städte rund um die Bucht von der Autobahn aus, die nach Genua hoch über Land und Meer führt, wie ein Märchen.

Dieser Wechsel von Tunnels und Viadukten, Licht, Schatten, Licht, Schatten (es gibt, glaube ich, mehr als zwanzig), spiegelt den Seelenzustand eines neuen AA wider, Lächeln, Angst, Lächeln, Angst, eine ununterbrochene Folge.

Als ich Fouquet mit einem schüchternen Dank verließ, am 4. April 1970, war mir, als ob ich zu einem Abenteuer aufbrach. Ich erinnere mich nicht mehr an die Rückfahrt nach Nancy. Die Sonne war nicht mehr die gleiche, die Verkehrsschilder kannte ich zwar, aber sie waren anders. Das Café, in dem ich eine Limonade trank, kannte ich, aber es schien wie für einen Film aufgebaut. Die Gespräche der Gäste kannte ich auswendig wie die eines schon hundertmal gesehenen Films. Die Straßen in Nancy kamen mir unwirklich vor wie aus Pappe. Die Leute, die auf den Bus warteten, hatten ausdruckslose Gesichter. Selbst mein Zimmer war mir fremd. Auch die Briefe auf meinem Tisch waren für den anderen Lucien, für den von vorher.

Die ersten Schritte in der neuen Welt

Wie verbrachte ich meine Tage? Ich tat nicht viel. Langsam gewöhnte ich mich an die neue Haut eines Menschen, der den ersten Schritt zur Abstinenz getan hat. Ich betrachtete die Schaufenster, was ich nie zuvor getan hatte. Ich besuchte Cafés (nicht die von früher, wo ich versackt war), nein, anständige Cafés, sogar piekfeine, wo man mit gemessener Würde empfangen wurde. Ich hatte solche Sehnsucht nach Würde. Ich probierte die verschiedensten Mineralwasser aus und entschied mich für Badoit.

Einige Male schrieb ich an Fouquet und schilderte ihm die innere Entwicklung, die ich durchmachte. Fouquet antwortete kurz und ermutigte mich, auf diesem Weg weiterzugehen.

Ich wollte begreifen, was mir passiert war. Unaufhörlich grübelte ich das bei den AA in Versailles Gehörte nach. Und stets fielen mir die letzten Worte Pierres wieder ein: „Sei lieb zu dir, Lucien."

Zwei Monate später ergriff mich wieder die alte Leidenschaft, anderen Gutes tun zu wollen, und ich trat in die örtliche Gruppe von S. O. S.-Freundschaft ein, die gerade gegründet worden war. Ich nahm an einigen Versammlungen teil und hatte sogar während einiger Nächte Bereitschaftsdienst.

Aber sehr schnell erkannte ich, daß das gefährlich für mich war. Ich würde wieder in meine Manie zurückfallen, den heiligen Bernhard zu spielen und dabei Gefahr laufen, wieder zu saufen und dabei das Schicksal der Gestrauchelten zu beweinen. „Sei lieb zu dir, Lucien“. Diese Weisheit mußte ich noch von Grund auf lernen.

Auch meine Journalismus-Pläne habe ich aufgegeben. Ich schrieb einige Artikel über die Auswirkungen des Mai 68, kam dadurch aber in einen solchen Zustand der Übererregtheit, daß ich Angst vor meiner Gefühlsduselei bekam und aufgab.

Eigentlich lebte ich in einem Schwebezustand, verletzlich und irgendwie glücklich.

Und meine Jesuitenfreunde? Ich sah sie nicht, ich sprach kaum mit ihnen. Mein Herz war in Versailles.

Eine AA-Freundin aus Paris, die ich nicht kannte, Cathy, trocken seit zwanzig Jahren, schlug mir vor, einige Tage bei ihr zu verbringen. Mit ein paar Sous in der Tasche fuhr ich hin.

Sie lud ungefähr zwanzig AA ein, die ihre Geschichte mit den stets gleichbleibenden Worten schlossen:

„Weißt du, Lucien, die Krankheit ist unser Hauptproblem, wenn das gelöst ist, regelt sich alles andere auch.“

Zögernd erwähnte ich, daß es ja nicht nur den Alkohol im Leben gäbe, daß ein Mensch seinen Stolz darein setze, ein Ideal zu verwirklichen, kurz, erwähnte alle Ideen, die mich seit frühester Jugend umtrieben. Stets lautete die Antwort:

„Wie willst du deine Pläne verwirklichen, wenn du nicht trocken bist? Das ist die unabdingbare Voraussetzung. Aber Lucien, mach' du, was *du* willst.“

Ihre Ruhe und Ausgeglichenheit beeindruckten mich. Während der Unterhaltung saß Cathy selbst ruhig und unerschütterlich da und strickte.

Eines Abends sagten mir eine Frau und ein Mann: „Heute abend ist eine Versammlung am Quai d'Orsay. Wenn du mitkommen willst ...“ Der Mann fuhr und die

Frau auf dem Vordersitz erzählte eine lustige Geschichte. Ihre Entspanntheit und meine eigene Anfälligkeit, so weitentfernt auf dem anderen Ufer des gleichen Flusses, ließen mich entmutigt zurücksinken. Die Frau drehte sich nach mir um und sah Tränen in meinen Augen. Sie nahm meine rechte Hand, legte sie auf die Sitzlehne, bedeckte sie mit der ihren und sagte ruhig: „Mach dir keine Sorgen, Lucien. Wir haben das gleiche durchgemacht."

Und ich dachte: „Wer hilft mir auf das andere Ufer?"

Auf das friedliche Ufer, wo diese beiden sich aufzuhalten schienen. Aber die Geste jener unbekannten Frau schien zu sagen: „Bleib bei uns, geh nicht von uns. Du wirst dorthin gelangen, ohne es zu merken."

Während einer Woche haben Cathy und ich alle Gruppen in Paris besucht. Alle Gruppen waren sehr unterschiedlich. Geographische Lage und unterschiedliches Herkommen, wohlhabendes Milieu und einfaches Volk.

In einer der letzteren (sympathisch wie die anderen auch) sagte ich, als die Reihe an mir war:

„Ich fühle mich wohl bei euch. Aber ich muß nach Nancy zurück und dort werde ich allein sein."

„Du wirst dort nicht allein sein", sagte ein harter Bursche, der unglaublich freundlich war. „Deine Höhere Macht hat dich heute abend hierher geführt. Immer nur vierundzwanzig Stunden auf einmal. Morgen wird sie sich schon etwas einfallen lassen. Gott ist nicht unterbemittelt."

„Ach, du glaubst also? Bist du Christ?"

Sie lachten, der große Dicke lächelte und Cathy strickte weiter. Später erfuhr ich, daß jeder die Höhere Macht als etwas anderes begreift, daß der Katechismus des einen nicht notwendigerweise auch der des anderen ist. Jeder ist lediglich aufgefordert, in voller Freiheit eine Macht zu suchen, die in der Lage ist, ihn zu ändern, damit er nicht stirbt. Wenn er will, wenn er kann.

Außerdem habe ich bemerkt, daß man bei den AA nur von sich spricht. Nicht über Politik, Medizin, Gesundheit, die Kosten des Alkoholismus, die Unzulänglichkeit der Behörden, die Schäden, die der Schnaps anrichtet oder die Anti-Alkoholiker-Werbung.

Die Arbeit an sich selbst ist so schwierig, daß die Energien nicht verzettelt werden sollen. Und es ist zweifellos genau so schwer, sich zu ändern, als die Welt zu ändern. Und die Welt ändern zu wollen ist manchmal ein Alibi dafür, sich selbst nicht ändern zu müssen.

Nach dieser Woche bei Cathy bin ich doch mit einigen Gewißheiten nach Nancy zurückgekehrt: Du bist nicht mehr allein, du kannst dich an Menschen anlehnen, die das Glück bereits in Reichweite haben. Du kannst ihnen glauben.

Wir werden bald Genua erreichen. Immer noch Tunnel und Viadukte. In der Ferne sieht man die orangefarbenen Lichter der Stadt.

Die AA von Versailles und Paris hatten mir Telefonnummern gegeben. Da ich mich noch sehr anfällig fühlte, habe ich sie auf gut Glück angerufen, ohne mich immer genau zu erinnern, um wen es sich handelte.

Eines Abends telefoniere ich:

„Bist du es, Jean?“

„Ah, Lucien, vielen Dank, daß du mich anrufst. Es tut mir gut, deine Stimme zu hören.“

„Du vertauschst die Rollen. Ich brauche dich.“

„Nein, ich habe den ganzen Tag gedacht: hoffentlich hält Lucien durch, so allein in seiner Ecke ...“

Ein andermal:

„Bist du’s Annette? Hier spricht Lucien.“

„Einen Augenblick, Monsieur. Ich werde sehen, ob die Frau Baronin da ist ..."

„Hallo, Lucien, hier ist Annette."

„Du bist eine Baronin?"

„Wie geht es dir?"

Das hört sich an wie in einem Roman, ist aber wahr.

Ein andermal rief Cathy an:

„Lucien, du bist wirklich zu allein in Nancy. Das ist gefährlich am Anfang, wenn man trocken bleiben will. Vielleicht solltest du nach Straßburg fahren. Ich sage Noëlle Bescheid."

Sie hatte gesagt: vielleicht solltest du ... da, wo ich erwartet hätte, daß sie mich drängt und anfeuert, sogar aus gutem Herzen heraus befiehlt, so groß war mein Wunsch, geführt zu werden. Wie die anderen schien sich Cathy nur auf meinen eigenen Willen zu verlassen.

Ich allein entschied über mein Leben. Das war aufregend. Aber mir war nicht völlig klar, daß ich mir meinen eigenen Willen erst erobern mußte.

Kurz, ich fuhr mit dem Wagen nach Straßburg. Im Bahnhofsrestaurant hatte ich mich mit Noëlle verabredet.

Auf den ersten Blick erkannten wir uns unter hunderten von Leuten. Das ist direkt mysteriös. Ebenso wie man auf den ersten Blick „weiß", ob zwei junge Leute Freunde sind, Kumpel, Verlobte oder schon lange verheiratet, „wußte" ich auf der Stelle, daß diese Frau Alkoholikerin ist und Noëlle heißt.

„Guten Tag, Noëlle." Bei dem Vornamen zögerte ich, denn mein Gedächtnis hatte etwas gelitten.

„Guten Tag, Lucien. Trinkst du etwas?" Sie strahlte vor Freude. Auch ich war glücklich: da war endlich jemand aus meiner Familie. In der Menschenmenge war Noëlle meine einzige Verwandte.

Wovon haben wir gesprochen? Immer die gleichen

Themen: Alkohol und Glück, diese beiden Dinge, die bei den AA zusammengehören wie Pech und Schwefel.

Sie finden, das sei wenig? Aber ich denke, alles hat seine Zeit. Ich bin nicht mehr so gesund und habe keine innere Kraft mehr, um zu versuchen, gegen Arbeitslosigkeit, Hunger, Einsamkeit anzukämpfen. Lassen Sie mir bitte Zeit, wieder zu Kräften zu kommen. Und dann werden Sie sehen, was ein trocken gewordener Alkoholiker mit frischem Blut und neuen Ansprüchen fertig bringt.

Mein Leben sei nicht wichtig? Genau so viel oder wenig wie das Ihre oder das von vier Milliarden Menschen. Dann sollte man unter das Leben der ganzen Menschheit einen Schlußstrich machen.

Einige Monate lang fuhr ich jeden Donnerstag mit dem Wagen nach Straßburg. 300 km. Ich habe nicht ein Treffen versäumt, so sicher war ich mir, die einzige Lösung gefunden zu haben.

„Wußten sie, wer Sie waren?"

„Eine Frage, die weder für mich noch für sie von Interesse war."

Eine einzige Sache ist in einer Gruppe wichtig: daß jeder auf seine Kosten kommt und Kräfte sammelt, um nicht in Einsamkeit und Erniedrigung unterzugehen. Alles andere ist zweitrangig.

Eines Tages habe ich meine Mutter besucht. Ich sah sie selten, weil ich keine Zeit hatte.

„Weißt du, Maman, ich war sehr krank. Ich hatte es sehr schwer." Lächelnd wartete sie, was noch kommen würde.

„Ich kann keinen Wein mehr trinken. Ich mußte mich schonen; jetzt geht es ganz gut."

Immer noch lächelte sie, immer noch schwieg sie.

„Jetzt fahre ich noch während einiger Wochen nach

Straßburg. Danach werde ich selbst eine Gruppe in Nancy gründen."

Und dann erzählte ich von meinen Plänen. Sie lächelte immer noch. Und wissen Sie, was sie mir zuletzt gesagt hat? Nicht: ich bin froh, daß es dir besser geht. Nicht: paß auf, daß das nicht bekannt wird, du mußt auf deinen Ruf achten.

Diese vorurteilsfreie liebe Frau, der es immer auf das Wesentliche ankam, sagte:

„Nun ja, wenn du dadurch jetzt anderen helfen kannst."

Diese Frau voller Güte, die auf dem Feld eine einzelne Ähre aufhob und nach Hause trug, weil die Feldarbeit in Ehren gehalten werden muß, sie wollte nicht, daß mein Leiden vergeudet werde. Andererseits sagte mir ein Kollege, als ich nach dem zweiten Aufenthalt bei Fouquet wieder nach Nancy zurückgekehrt war:

„Gut, Sie sind wieder da. Sehr gut. Also reden wir nicht mehr davon, sagen Sie nichts. Vergeben und vergessen." Spüren Sie den Unterschied?

Meine Mutter war eine Tat-Christin, der andere ein Gesetzes-Christ.

Es würde mich wirklich interessieren, wie viele Millionen einfach dahingestorben sind, weil die Angst vor dem Gerede der Leute, die Angst vor dem unerheblichen Urteil der Gesunden, dem Kranken nur einen Ausweg läßt: trinken, trinken, trinken und sterben.

Hier ist Genua. Ich nehme den Zubringer Genua-Mitte. Man fährt am Hafen vorbei, und die glänzenden Bullaugen der festgemachten Boote zu meiner Rechten blicken auf den vorbeifahrenden Nachtschwärmer.

Kein Verkehr. Die Taxen stehen alle an ihrem Stand. Die Straße ist jetzt Einbahnstraße. Ich fahre etwas auf gut

Glück und orientiere mich in Richtung der vielen Lichter oberhalb der Häuser. Die Straße steigt an und verläßt den Hafen.

Ich erreiche einen kleinen gebührenpflichtigen Parkplatz. Ich stelle den Renault mit dem Kühler gegen die Wand eines sehr schönen Gebäudes. Ich weiß nicht, was das ist.

Ich nehme das um den Hals hängende Mikro ab, schalte das Magnetophon aus. Die Adresse des Veranstalters des heutigen Konzertes lege ich auf das Armaturenbrett: „Kiko Chiarella, Piazza Portello 1, Genua."

Ich esse noch ein paar Trauben und eine Mandarine.

Ich steige aus. Es ist nicht kalt, es nieselt etwas. Man riecht das nahe Meer. Ich strecke mich, beuge die Knie und zünde mir im Gehen eine Zigarette an. Langsam ergreife ich Besitz von der großen Stadt, die mich schon viermal in fünfzehn Jahren aufgenommen hat.

Ein Leuchtzeichen taucht den kleinen Platz in regelmäßigen Abständen in blaues Licht: „Hotel Metropoli". Für wen? Aus Spaß. Als ich wieder zu dem Wagen zurückkomme, erblicke ich ein in fünf Sprachen abgefaßtes Schild, das an der Wand des schönen Gebäudes angebracht ist. „Kostenlose Parkplätze für ausländische Wagen." Meine Nacht endet gut.

Ich breite eine große Decke aus rauher Wolle aus und falte meine Jacke zusammen, die mir als Kopfkissen dient, ich lasse zwei Zentimeter Spielraum zwischen Scheibe und Rahmen.

Radio Monte Carlo sendet das Chanson von Bourvil: „Ein Orangenbaum auf irischem Boden."

Auf dem Tacho: 1190 km, Zeit: 5.40.

Guten Abend ihr AA-Freunde in Nancy: Bernard, Suzanne, Marc, Jean-Marie, René, Jeannette, Paulette, Jean-

Pierre, Bob, Christiane, Juliette und alle anderen. Ich möchte euch mein schönstes Chanson aufsagen:

Wenn neue Ängste die Erde bedroh'n,
Streif' ich nicht mehr als Vagabund
ums Erdenrund.
Wenn neue Ängste die Erde bedroh'n,
Auf blanker Erde schlaf' ich dann,
Daß ich die Müde trösten kann.

Ich presse das Ohr an Erde und Laub
Und höre das Lied vom Tod,
Der Erdensohn wird wieder Asche und Staub,
Doch sein Traum, der ist noch rot.

Wenn neue Ängste die Erde bedroh'n:
Das Ohr an den Boden geschmiegt,
Wie die Mutter mich früher gewiegt.
Wenn neue Ängste die Erde bedroh'n,
Dann spür' ich an ihrer Brust:
ein neuer Mensch wird sich seiner bewußt.

„Guten Abend, Françoise, Sie treue Seele. Ich wünsche Ihnen einen angenehmen Tag."

Der Wiederaufstieg

Das Konzert ist gut gelaufen. Der Saal Margherita ist ein schöner Raum mit guter Akustik. M. Radomir, der Techniker, half mir, die vier Lautsprecher richtig zu plazieren und den Ausgleich zwischen hohen und tiefen Tönen zu regeln.

Nachmittags war ich bei der RAI (Italienisches Fernsehen) für einen Werbespot. Danach haben mich Journalisten von ‚Il Lavoro' interviewt.

Im Konzert selbst hat eine berufsmäßige Dolmetscherin gescheit übersetzt, was ich zu sagen hatte. Wie hieß sie doch? Ach ja, Aurora.

Danach bin ich mit ein paar Freunden in ein nettes Bistro gegangen und wir haben zusammen Espresso getrunken. Madame Kiko hat eine Tüte mit Proviant und zwei Flaschen Mineralwasser auf den Vordersitz gelegt.

Kiko und seine Frau sind bis zur Autobahnauffahrt vorausgefahren. „Passen Sie auf, Lucien, nach 40 km kommt die Abzweigung Turin – San Remo, Sie nehmen San Remo."

„Natürlich, Kiko."

„Für Ostfrankreich und Belgien wurde Schnee angesagt."

„Nicht schlimm, Kiko. Vielen Dank. Gute Nacht."

Das wär's. Seit dreiundzwanzig Jahren, nach zweitausend Konzerten immer dasselbe. Ich mache mich auf den Rückweg, von Freundschaftsbeweisen überhäuft.

Ich hänge mir wieder das Mikro um den Hals, habe neue Batterien im Nakamiski, und sechs neue Kassetten liegen vor mir auf dem Armaturenbrett.

„Ist es nicht lästig, das Magnetophon kontrollieren zu müssen?"

„Nein, wenn die rote Kontrollampe blinkt, sind noch fünf Minuten bis zum Ende der Aufzeichnung."

„Sprechen Sie ohne Unterbrechung?"

„Nein, wenn ich stocke, wenn ich nach einer genauen Formulierung suche, tippe ich auf eine Unterbrechertaste."

Wenige Wagen unterwegs. Der Wind kommt von Norden, weniger heftig als gestern. Im Osten ist der Mond in seinem letzten Viertel über Genua aufgegangen, und manchmal sehe ich ihn im Rückspiegel. Und immer wieder steht zu meiner Linken – die Tunnels ausgenommen – im Sternbild des Orion Rigel und Beteigeuze, die Bäumchenverwechseln spielen. Das ist schön. Das Kreuz des Südens neben dem Orion – Fehlanzeige.

Wahrheit heilt

Als ich aus der Hölle des Alkohols wieder auftauchte, habe ich folgende Feststellungen getroffen:

Mein Mut hat mir nicht geholfen. Denn ich hatte Mut, halten Sie mich nicht für einen Feigling. Das Schulkind, das in pechschwarzer Nacht, wenn Stein und Bein gefror, auf dem Heimweg war, brauchte Mut. Und der Mann auch. Als ich im Palais Chaillot drei große Konzerte für die Kinder der in Algerien gefallenen Fellaghas gab, hatte ich Mut. Lassen wir das. Aber der Mut half mir nicht weiter.

Härte gegen mich selbst hat mir nicht geholfen. Wie oft habe ich mit zusammengebissenen Zähnen gesagt: „Du Idiot, du wirst jetzt aufhören, verstanden?" Andere haben sich in einem solchen Anfall von Wut auf sich selbst die Venen, die Halsschlagadern aufgeschnitten. Vergeblich.

Die Tränen, die ich über mich vergossen habe, haben nun wirklich überhaupt nicht geholfen. Selbstmitleid ist ein untaugliches Mittel. „Weinen Sie sich einmal richtig aus, Monsieur, das wird Ihnen gut tun ..." Wem tut es gut? Denen, die zugucken und Gott danken, daß sie nicht so sind wie dieser.

Die Moneten haben nicht weitergeholfen, außer daß ich sie einem Clochard in den Schoß werfen konnte, wenn ich einen heben ging. Aber das brachte mich nicht auf Vordermann.

Der Stolz hat mir nicht geholfen, außer daß ich mich

ein bißchen besser verstecken lernte, damit man mich nicht mit der Flasche in der Hand erwischte. (Ja, sogar bei Pastis). Wie oft habe ich mir gesagt: „Reiß dich zusammen, du bist immerhin für Millionen Menschen Lucien.“ Die Aufwallungen von Stolz haben mir nicht geholfen.

Die Intelligenz hat nichts genützt, außer mir klarzumachen, daß ich auf den Tod zu marschierte, ehe ich Fouquet kennenlernte. Und auf den Tod durch Alkohol, nachdem ich Fouquet kennengelernt hatte.

Die Versprechungen gegenüber Gott und seinen Heiligen, wozu? Ich wußte ja genau, ich würde sie nicht halten können.

Das Gebet, selbst das Gebet hat mir höchstens geholfen, den Gedanken an das Ende zu akzeptieren. Heute weiß ich, daß Gott nicht allein arbeitet, sondern daß er sich der Hilfe meiner Menschenbrüder bedient.

Ich bin nicht sentimental, ich lecke nicht meine Wunden, ich stelle nur fest, nichts war mehr zu machen. Ich experimentierte mit der Vorstellung, daß ich sterben würde.

Und im Gegensatz dazu habe ich beim ersten Treffen in Versailles schon gewußt, und zwar mit unumstößlicher Sicherheit, daß ich aufhören konnte. Darüber zu streiten ist müßig. Es in Frage stellen können nur die, die beschränkt oder bösen Willens sind. Für mich war es der einzige Weg der Rettung.

Deswegen fuhr ich weiterhin nach Straßburg.

Nachdem ich mehrere Monate regelmäßig nach Straßburg gefahren war, hatte ich eines Tages das Bedürfnis, meine Erfahrung mit einem Alkoholiker in Nancy zu teilen.

Ich erinnerte mich an den Brief einer Dame, in dem sie mir mitgeteilt hatte, sie sei Alkoholikerin. Damals hatte ich ihr im Ton eines Moralpredigers geantwortet, was ich von berufswegen hervorragend konnte. Meine neuen Erfahrungen ließen mich jetzt einen anderen Ton anschlagen, und ich schrieb: „Madame, wenn Sie immer noch dasselbe Problem haben, von dem Sie vor vier Jahren sprachen, weiß ich vielleicht eine Lösung."

Ich suchte sie auf und erzählte ihr alles, was ich von der Krankheit wußte, sprach von Fouquet, Versailles und Straßburg. Wie sie mir später lachend erzählte, wirkte ich in meiner Begeisterung damals wie ein kleiner Schwärmer.

Daß ich Alkoholiker war, daß ich herausgekommen war, das sah sie auch. Denn sie war ein überaus intuitiver Mensch. Und weil ich herausgekommen war, wußte sie, daß sie es auch konnte.

Die Alkoholiker lechzen so danach, es zu schaffen, daß sie sich wie in Klumpen zusammengeballt an jede Hoffnung klammern, die in ihrer Nähe auftaucht. Genau darauf zielt die Methode der AA, so einfach ist sie. Die Methode wendet sich nicht an den Verstand, sie spricht den Selbsterhaltungstrieb an.

Geheimnisvoll.

Selbst wenn der dem Menschen innewohnende Trieb nach Glück abgestorben ist, kann er fast immer wieder geweckt werden, wenn ein anderer Kranker ihm den Eindruck von einem Glück vermittelt, das auch für ihn erreichbar sein könnte. Das ist merkwürdig, aber eine Tatsache.

So haben übrigens Doktor Bob und sein Freund Bill, beide Alkoholiker in den USA, begonnen, indem sie die damalige Manie, alles über den Verstand lösen zu wollen, beiseite schoben und begannen die Kette der über 50 000 Gruppen aufzubauen, zu denen inzwischen weltweit Hunderttausende Anonyme Alkoholiker gehören. Das ist demütigend, das ist wunderbar, und das ist Tatsache.

Wenn ein Kranker, der noch trinkt, die Methode der

AA kennenlernen möchte, ist er oft von unseren Erklärungen enttäuscht. Er versteht nicht, wie „das helfen kann". Dem sage ich immer: „Ich auch nicht ... aber versuch' es doch einmal. Komm vorbei, nur um mal zu sehen."

Wenn einer krank ist, verlieren die AA nicht ihre Zeit, sich über die theoretische Möglichkeit seiner Genesung zu verbreiten, sie fordern ihn auf zu sehen, mit eigenen Händen ihre noch frischen Narben zu berühren.

Was mich, Lucien, angeht, so waren es keine verstandesmäßigen Gründe, die mich an den Rand des Todes brachten. Genau so wenig war die Vernunft daran beteiligt, daß ich wieder lebendig wurde.

Die Rettung durch die AA vollzieht sich mit Hilfe der Augen und Ohren. Wir glauben nur, was wir sehen und hören. Die Krankheit ist nicht vernünftig und die Rettung auch nicht.

„Wo trafen Sie sich mit Thérèse?"

„In einem Café, dem Café des Ombelles in Haut-du-Lièvre, in Nancy."

Ja, mitten unter den Leuten. Da wurde an der Theke lautstark diskutiert, da wurde kräftig einer gehoben, da wurde um uns herum an Flippern gespielt.

Wir waren nur zwei trockene Alkoholiker, aber unsere Ernsthaftigkeit hätte für zwanzig gereicht. Wir zogen das kleine braune Buch heraus, das man mir in Versailles gegeben hatte, und eröffneten die Versammlung.

„Nur Sie beide?"

„Ja".

„Das ist ein Witz."

„Ich sage es ja."

Dann forderten wir uns gegenseitig auf, über den ersten Schritt zu reden: „Ich bin machtlos dem Alkohol gegenüber und konnte mein Leben nicht mehr meistern." Und dann sprach ich über meinen Zusammenbruch.

„Das brauchst du gar nicht zu erzählen.“

Aber ja! Ich mußte das einfach erzählen. Um ein für allemal die vergangenen Ereignisse los zu werden, die die Gegenwart beeinträchtigten. Meine Angewohnheit, die Flasche an die Kehle zu setzen, nachts die knarrende Treppe zu vermeiden. Wie ich es fertig gebracht hatte, in achtundvierzig Stunden eine Kiste voll elsässischen Weins auszutrinken. Daß ich andere beschuldigt hatte, das Blech meines Wagens eingebeult zu haben, daß ich morgens um drei Uhr mein Auto suchen mußte, weil ich nicht mehr wußte, wo ich es geparkt hatte.

Ich erzählte auch, daß ich allein in meinem Wagen mir gut zuredete.

„Was nützt es, sich das alles zu sagen?“

„Das hilft, zusammen darüber lachen zu können. Das hilft, gesund zu werden, das hilft, die Scham zu überwinden.“

„Hat Thérèse darüber gelacht?“

Oh ja, und ich auch. Die Sache mit der knarrenden Treppe habe ich für sie pantomimisch dargestellt. Die Leute, die neben uns ihren Pastis schlürften, betrachteten uns etwas verdutzt, denn ich spielte das im Stehen, verzog auch das Gesicht und tat so, als hielte ich mich am Treppengeländer.

Als uns der Kellner den dritten Kaffee brachte, sagte er: „Sie scheinen sich gut zu amüsieren.“

„Und ob. Wir sind reuige Alkoholiker.“

Glücklich die, die sich nicht ernst nehmen, sie werden sich über alles und jedes amüsieren können. Glücklich die, die ihr Unglück nicht ernst nehmen (wenn sie können), denn das hilft ihnen, es zu ertragen.

Ein anderes Mal erzählte ich ihr die Geschichte, die ich in Detroit erlebt hatte:

In jener Nacht stehe ich auf, um mir ein Bier aus dem

Eisschrank zu holen. Ich gehe die gewaltige Treppe hinunter, berühre leicht das Geländer und wage kaum zu atmen, so feindselig wirkt die Stille. Unten angekommen stelle ich fest, daß die große Glastür keine Klinke an der Außenseite hat, daß diese Schwingtür wieder einklinkt, wenn ich sie loslasse, und ich nicht wieder hineinkäme (Thérèse begann zu lächeln. Das erinnerte sie an eine eigene ähnliche Geschichte). Ich klemme also einen Hausschuh dazwischen, damit die Tür nicht zufallen kann. Gut. Leise gehe ich zu dem riesengroßen Eisschrank und nehme eine Flasche Bier heraus. Aber plötzlich sehe ich etwas, das mir einen Schrecken einjagt: Eine kleine graue Katze, aufgetaucht aus dem Nichts, beginnt, mit meinem Pantoffel zu spielen. (Hier fängt Thérèse glucksend zu lachen an und prustet durch die Nase.) Für die Katze sage ich leise: musch, musch, musch. Aber das regt die nicht auf, sie gehört ins Haus. Ich stürze zu ihr hin, schnell und doch leise, damit sie nicht erschrickt. Um meine Flasche in Ruhe trinken zu können, mußte ich sie fest im Arm halten.

Es tut wohl, diese banale Geschichte zu erzählen, denn kaum ausgesprochen, waren wir zwei, sie zu tragen.

„Im Grunde ist also dieser erste Schritt eine Beichte?"

Nein. In einer Beichte ist der Beichtvater der Richter. Das ist zwangsläufig, denn wir befinden uns im Beichtstuhl. Man hat beschämt zu sein, denn der Herr Pfarrer ist ein heiliger Mann. Definitionsgemäß.

In einer Beichte sagt man fast immer das Böse, das man getan hat; bei den AA das Böse, das man *sich* angetan hat.

Ich habe Thérèse folgende Geschichte erzählt, in der ich niemand Böses zugefügt habe, außer mir selbst:

Ich machte Urlaub in den Alpen. Eines Abends trank ich einige kleine Bier irgendwo in einer Kneipe. Ich unterhielt mich mit dem Wirt über ein wichtiges Thema in bezug auf die Zukunft der Menschheit. Gegen Mitternacht fuhr ich zurück nach Saint-Gervais und streifte mit dem rechten Kotflügel einen Felsen.

Am nächsten Morgen sagte mein Freund: „Hast du heute Nacht einen Unfall gehabt?" – „Nein." – „Dein rechter Kotflügel ist eingebeult." – „Wahrscheinlich haben sich die jungen Leute ihn mal ausgeliehen." – „Die Schlüssel lagen im Gras." Ich wußte nicht mehr, was ich sagen sollte.

Ich hatte eigentlich niemand etwas zuleide getan, aber ich fühlte mich schuldig. Ich hatte mein Freundschaftsideal verraten. Das spürte Thérèse, die mich unerschrokken und mütterlich wie das Meer anblickte. Sie ist Bretonin.

Ich glaube, alle, die den Mut haben, diese ganz persönlichen Zusammenbrüche offen auszusprechen, können schon am nächsten Tag wieder die Segel setzen und sich aufs Meer wagen.

Hätte ich mich an so armseliges Zeug wie Ansehen, Anstand, Eitelkeit, Ehrbarkeit geklammert, wäre ich schon tot, erdrückt von dem Gewicht meiner Torheiten und läge zusammen mit diesem Talmischmuck im Sarg.

„Ich bin dem Alkohol gegenüber machtlos", um das zuzugeben, braucht es manchmal mehrere Monate, dazu bedarf es vieler guter Vorsätze und vieler Rückschläge.

Eine Frau sagt: „Ich komme zu diesem Treffen, aber ich bin keine Alkoholikerin. Mein Arzt hat mir gesagt, ich solle hingehen. Er sagt, ich hätte einen schlechten Stoffwechsel, aber dann soll er ihn eben verbessern. Er sagt, ich sei nervös, aber dann soll er mir eben Tabletten für die Nerven geben. Und wenn ich nervös bin, dann meines Mannes wegen, der mich die ganze Zeit überwacht. Er sagt, ich trinke zuviel, aber ich trinke nicht mehr als er. Selbst die Kinder mischen sich ein und laufen davon, wenn ich sie rufe. Aber mein Mann hetzt sie gegen mich auf. Das ist hart für eine Mutter, das werden Sie verstehen. Es wirkt demoralisierend, alle gegen sich zu haben." In dieser Weise könnte sie stundenlang und monatelang weiterreden. (Weil das Wort und die Sache selbst sie in Angst und Schrecken versetzen.)

Die Haltung der Gruppe ist immer die des Schweigens, der Geduld, der heiteren Freundschaft, selbst wenn die Unaufrichtigkeit offenkundig ist. Sie muß also noch einige Stufen tiefer in die Angst hinab. Zwangsläufig.

Aber wenn ein Neuer zum ersten Mal kommt und sagt: „Ich bin im Druck. Ich kann nicht aufhören zu trinken. Ich habe ein Sägewerk. Vor acht Tagen fand ich ein Stück Pappe bei der Säge. Darauf stand in dicken Buchstaben: „Wenn ich noch eine Flasche finde, lasse ich mich scheiden." Das ist dann kinderleicht. Er hat sofort aufgehört. Und das ist acht Jahre her.

Bei anderen will das Wort Alkoholiker nicht über die Lippen.

„Ich heiße Claude und ich bin krank." Krank, das geht noch, aber Alkoholiker, das geht nicht. Ganz allmählich gewinnt er Zutrauen zu diesem Wort, und dann ist es für uns alle ein Festtag.

Bei Thérèse sage ich: „Ich bin Alkoholiker" – zunächst mit einer gewissen Gereiztheit, aber später ganz ruhig. Denn es stimmte ja. Denn es legte eine Wunde bloß, denn es tat mir gut.

In Nancy fand eine kleine Versammlung statt, an der ich teilnahm, in einem Café, in dem FR 3, das 3. Programm, über die Regionalprogramme diskutierte. Im Augenblick des Zuprostens wurde mir ein halbes Bier hingestellt. „Bier", sagte ich, „nein, ich trinke nicht, ich bin Alkoholiker." Ich teilte ihnen lediglich eine Tatsache mit. Die anderen lachten und hielten es für einen Witz.

Aber ich erklärte es ihnen, und sie erhitzten sich über dieses Thema. Nicht alle Tage erlebt man einen Alkoholiker, der seinen Bleipanzer lüftet.

Es gibt Alkoholiker, die vom Leben so beschädigt sind, so kaputt durch ihre Erziehung, daß sie nicht mehr vertrauen können, nicht einmal mehr einem anderen Alkoholiker. Sie verschanzen sich hinter ihrem hermetisch abgeschlossenen Unglück. Das ist selten.

Einige sind in ihrem Hirn so geschädigt, daß sie selbst nicht merken, wie krank sie sind. Sie kommen zwei oder dreimal, von ihren Frauen gebracht, dann verschwinden sie von der Bildfläche. Das ist auch selten.

Die Sucht, andere zu retten

Nach zwei Monaten hatten Thérèse und ich den Wunsch, einen dritten Kranken an unseren Zusammenkünften teilnehmen zu lassen. Wir hielten das für einfach, denn wir wußten, daß in einem Gebiet mit 230 000 Einwohnern 18 000 Alkoholiker lebten. Es könnte nicht schwierig sein, einen zu finden.

Wir hatten gehört, der Taxifahrer Nr. 210 sei Alkoholiker. Wir gingen also gewissermaßen auf „Missionsarbeit" aus. Und schließlich spürten wir ihn im Restaurant der Taxifahrer gegenüber dem Allgemeinen Krankenhaus auf. Durch das Fenster sahen wir ihn, wie er an seinem Schmorfleisch kaute, der 210. Er aß, er trank, und trank nicht mehr als er aß. Thérèse und ich sahen uns an. Sollten wir ihn stören? Es schien uns unangebracht.

Ein anderes Mal sagte man uns, der und der Uhrmacher sei Alkoholiker. Wir gingen hin. Wir sprachen von Uhren. Wir tranken Kaffee zusammen, redeten über Alkoholismus, versicherten uns gegenseitiger Wertschätzung und gingen wieder.

Dabei haben wir eine Erkenntnis gewonnen: Ein Kranker kommt erst zu uns, wenn er nicht mehr weiter kann. Aber nur er allein weiß, wann es so weit ist.

Zum Beweis diese Geschichte. In Pont-à-Mousson besuche ich einen Kranken, auf den mich seine Schwester hingewiesen hat. Der Kranke und seine Mutter waren zu

Hause. Sie lädt mich zum Kaffee ein, und ich erzähle mein Leben als Alkoholiker. Ich spüre, daß weder sie noch er wissen, was ich meine. Aber trotzdem will er mich zu einem Treffen begleiten.

Beim Hinausgehen ruft seine Mutter: „Und deine Mütze? Setz' deine neue Mütze auf." Er zuckt die Schultern und geht hinaus. Die Mutter läuft ihm nach und setzt ihm einfach seine neue Mütze auf den Kopf. Eine neue Mütze, wenn es doch ums Sterben geht! Und er läßt es sich wie ein kleines Kind gefallen. Ein Kind von vierzig Jahren und Gewerkschaftsfunktionär. Bei dem Treffen sagte er: „Es wird hier zuviel vom Alkohol geredet." Für ihn war die Sache schon gelaufen. Er war schon tot. Zwei Monate später ist er gestorben. Warum sollte ich weinen? Wenn ich meiner eigenen Alkoholkrankheit gegenüber ohnmächtig bin, dann noch mehr, wenn es sich um einen anderen handelt. Auf seine Mutter war ich böse, sie hat ihren Sohn nicht erzogen, sein Leben in die Hand zu nehmen.

Die einzige Voraussetzung, ein anonymer Alkoholiker zu werden, ist der Wunsch, mit dem Trinken aufzuhören. Das liege auf der Hand? Nein:

Ich besuche Noël, einen vierzigjährigen Mann.

„Guten Tag, Noël, Ihre Frau, die Sie liebt, sagte mir, Sie hätten Probleme mit dem Alkohol."

„Ach, wissen Sie, kann sein, daß ich ein Alkoholproblem habe, aber ich habe auch einen starken Willen."

„Um so besser. Mir ist es nicht gelungen, aufzuhören, deswegen bin ich zu den AA gegangen."

„Ich jedenfalls habe einen starken Willen, ja bestimmt!" Er betastete seinen Bizeps.

„Ja, das ist richtig", sagte seine Frau, „er hat einen starken Willen, Monsieur."

Noël hatte mit seinem Molkereiwagen einen Unfall in

den Ardennen. Ich besuchte ihn wieder und erzählte, daß ich auch schon Ärger mit meinem 403 gehabt hätte.

„So etwas kommt vor, aber ich, ich habe einen starken Willen."

Dann hatte er einen Unfall mit seinem 204, kaufte sich ein Fahrrad und stürzte, als er an einen Hochspannungsmast prallte. Dann stürzte er auch ohne Rad. Heute ist er wegen Durchblutungsstörungen im Gehirn in einem Krankenhaus. Er erzählt mir nicht mehr von seinem starken Willen, weil er mich nicht mehr erkennt.

In manchen Fällen ist der Wunsch, mit dem Trinken aufzuhören, noch nicht erwacht, in anderen schon wieder vergangen. Manchmal wird er nie auftauchen. Friede dem armen Körper, der nicht mehr konnte, Friede seiner Seele, die jetzt wohl Ruhe gefunden hat.

Geheimnis.

Es gab also mehrere fruchtlose Versuche, einen Kranken zu finden, der sich uns anschloß. Erschütternd, von meinem Ufer aus zusehen zu müssen, wie Menschen auf einen Mahlstrom zugetrieben wurden, der sie mitreißen würde, wenn sie nicht die rettenden Worte sprächen: „Ich trinke zuviel, hilf mir."

Zum Glück schloß sich uns nach dreimonatiger Suche ein Bruder an. Er wohnte ungefähr 15 km entfernt.

„Die Fürsorgerin hat mir Ihren Besuch angekündigt. Soll ich Ihnen einen Kaffee machen? Ich trinke Malzkaffee." (Den trinkt er immer noch.)

Wir bemerkten, daß er sich schön gemacht hatte, gut frisiert, glatt rasiert, ein anständiges Hemd, aber auch, daß seine Hände beim Kaffeemachen zitterten.

Er setzte sich dann, hob seine Tasse und sagte: „Also dann, auf unsere Gesundheit!" Warum er so besonders gelöst dabei lächelte, begriff ich nicht.

Immer noch lächelnd hörte er uns zu und stellte intelligente Fragen. Auch Thérèse fragte ihn und er antwortete freimütig.

„Du trinkst allein, Charles?"

„Ja."

„Hast du deine Flaschen hier?"

Lächelnd zeigte er uns seine Verstecke.

„Lebst du allein?"

„Ja."

„Und du versteckst deine Flaschen vor dir selbst?"

„Ich bin eine komische Type, nicht wahr?"

Sein Lächeln blieb ein Rätsel, ich wußte nicht, was davon zu halten war. Erst beim Aufbruch, als er mir die Hand drückte, sagte er leise:

„Der Himmel ist rot." Nach einigen Sekunden antwortete ich: „Der Tag wird schön." Er fügte hinzu; gleichermaßen belustigt und gerührt: „Nizza 1959."

Im Wagen sagte ich zu Thérèse: „Das sind die ersten Verse eines meiner Chansons, das er 1959 in einem Konzert in Nizza gehört hat."

Nun waren wir also drei, die sich sagten, wir seien ohnmächtig vor dem Alkohol, aber wir würden uns davon befreien.

In Erinnerung an das Ende dieses Jahres 1970 öffne ich mein Notizbuch und finde dort die Städte, in denen ich Konzerte gegeben habe. Alle in Frankreich, weil ich mich nicht zu weit von meinen neuen Freunden entfernen wollte.

Damals sagte ich während der Konzerte ein paar Worte über die Krankheit des Alkoholismus. Heute werden die Zuhörer verstehen, warum. Wenn ich von den Konzerten nach Hause fuhr, dachte ich ständig an meine Freunde. Und bei Tagesanbruch weckte ich Charles, um zu erfahren, wie es ihm gehe. Seine Küche blieb die ganze Nacht hindurch erleuchtet als Aufforderung, ihn bei der Durchfahrt zu wecken.

In meinem Notizbuch finde ich auch die Adressen von Männern und Frauen, die uns baten, vorbeizukommen, um von der Krankheit ihrer Partner sprechen zu können. Das sind gefährliche Besuche, weil man dabei seine Gelassenheit aufs Spiel setzt. Denn drei Stunden sind zu wenig, um sich ein zutreffendes Bild ihrer Lage machen zu können. Manchmal will der nicht kranke Partner sich nur selbst herausstreichen („Arme Frau, wie verdienstvoll von Ihnen, mit einem solchen Mann und drei Kindern ...“). Es nützt meist nichts, seinen Finger zwischen Baum und Borke zu legen.

Zu unseren Treffen – man begann davon in der Stadt zu sprechen – kamen Kranke wie Schmetterlinge zum Licht. Wir konnten ihnen nur unsere noch unsichere Erfahrung bieten. Reich waren wir nicht, (keiner von uns dreien) und wer wegen der Piepen kam, kam nie wieder. Aber Mut hatten wir. Und der Wille, uns gegenseitig zu helfen, war phantastisch. Wir verteidigten uns mit Klauen und Zähnen, wenn einer von uns in Gefahr war, ohne zu überlegen, instinktiv. Ein Beispiel:

Eines Tages sollte ein Alkoholiker, der, ehe er uns kannte, eine kleine Dummheit begangen hatte, vor Gericht erscheinen. Der Verteidiger wandte sich an uns. Da ich der Redseligste war, ergriff ich im Namen meiner Kameraden das Wort. „Herr Präsident, Jacques, der heute vor Gericht steht, ist ein Alkoholkranker wie ich (ich nannte meinen Namen). Wenn Sie seine Bewährung aufheben, wenn Sie ihn ins Gefängnis stecken, kann er sich nicht bessern, er kann sich nur tiefer in seine Krankheit verrennen. Wenn Sie ihn bei uns lassen, wird er wieder ein anständiger junger Mann und nützlicher Bürger werden. Darf ich Ihnen sagen, daß es die Krankheit des Alkohols ist ...“

Jacques wurde in die Freiheit entlassen. Der Anwalt kam auf uns zu: „So etwas habe ich in meinem Leben noch nicht erlebt. Ich gratuliere Ihnen." Er war gerührt, merkte ich, als er uns die Hand drückte: zum ersten Mal erlebte er, daß jemand seinen Ruf in die Waagschale der Gerechtigkeit warf, nur um einen Mitmenschen zu halten. Er ahnte nicht, daß ich selber diesen Knastbruder brauchte, für mein eigenes Überleben.

Es ist wirklich so, wenn wir zusammenbleiben, sind wir gerettet. Wenn wir uns trennen, sterben wir. Das wissen wir aus Erfahrung. Wir bleiben zusammen, nicht um anderen Gutes zu tun, sondern um uns Gutes zu tun.

Man geht nicht zu den AA, um anderen Gutes zu tun, um seiner Frau einen Gefallen zu tun, um Kindern den Vater zu erhalten, um Gott gefällig zu sein, um die Ehre der Gesellschaft Jesu zu retten, alles das genügt nicht. Tatsächlich klammert man sich an die AA, um nicht zu sterben. Punktum.

Der Alkohol hatte über mich (über uns) eine solche Gewalt, daß ich mich nur mit einer stärkeren, urtümlicheren, heftigeren Kraft wehren konnte: der Liebe zu mir selbst. Eine heidnische, tierische vorchristliche Kraft, alles was Sie wollen, aber nur sie konnte mich vom Trinken abhalten.

Als wir unseren Freund vor Gericht verteidigten, haben wir das seinetwegen getan? Nein, auch wenn Sie schockiert sind, ich bin meinetwegen hingegangen, damit die Gruppe weiterbesteht, ohne die ich sterben würde.

Ein andermal in Nancy, als ich gerade trocken geworden war, verlief es dramatischer. 150 Fürsorgerinnen sollten über die Mittel diskutieren, die der Gesellschaft zur Verfügung stehen, um sich gegen Alkoholiker zu verteidigen. (Einmal hörte ich auch das Wort „Besessener".) Ich spürte, daß in dem Saal, je nach Einstellung zu diesem Problem, zwei Kategorien von Gesunden saßen:

Jene, die sagen: „Man muß sie einsperren, man muß sie in die Zwangsjacke stecken, man muß sie spritzen, man muß sie, man muß ..." usw. usw.

Andere ahnen glücklicherweise, daß die Krankheit und ihre Heilungsmöglichkeiten vielschichtiger sind, daß die Zwangsjacke nicht gesund macht, daß die Gesellschaft und die Partner vielleicht auch ein Verschulden trifft. Diese zweite Gruppe ist bei weitem die stärkste.

Ich hatte nur eine Stunde Redezeit. Ich sprach ohne Konzept, soviel hatte ich auf dem Herzen.

„Ich bin krank, ich bin nicht bösartig, weil es mir Spaß macht. Ich war Ihnen gegenüber aggressiv, aber auch gegen mich. Ich bin zu schnell gefahren, aber normalerweise bin ich rücksichtsvoll und achte das Leben anderer. Ich war mürrisch, aber unglücklich, usw."

Fast alle Frauen nickten zögernd: „Was Sie sagen, stimmt." Eine fragte: „Wie kann Ihre Methode heilen?"

„Ich weiß es noch nicht genau, ich bin erst seit sechs Monaten trocken, aber ich werde es lernen. Jeden Freitag versuchen wir, uns des Bösen in uns bewußt zu werden, und des Bösen, das wir getan haben. Man lernt auch wieder, glücklich zu sein, anständig. Es ist ein langer und schwerer Weg."

Tiefe Stille im Saal, wo Freundschaft und Verständnis zu spüren waren (außer bei einer einzigen Frau, die richtiggehend gehässig reagierte). Ein Alkoholiker findet das sofort mit der Sensibilität eines jungen Menschen heraus. Viele kannten mich, aber das machte mir nichts aus. Ich war besessen von der Leidenschaft zu überzeugen: „Wir sind krank, bitte begreifen Sie das doch."

„Das kommt Ihnen wohl gelegen", warf die unfreundliche Fürsorgerin ein.

„Nein, wir leiden genau so ungern wie Sie und sind auch nicht darauf aus, anderen Leid zuzufügen."

„Und was sagt Ihre Frau dazu?" wollte sie mich in Verlegenheit bringen, denn sie wußte, wer ich war.

„Ich bin nicht verheiratet. Aber ich habe mein Mädchen Pascale, die mir schon lange verziehen hat."

Am Ende der Versammlung sagte mir meine junge Nichte (Fürsorgerin in Remiremont): „Gut gemacht, Onkelchen", während die gehässige Frau mit ihrer kleinen Schar von Anhängern im Vorbeigehen sagte: „Es ist ein Skandal, das sage ich euch, es ist ein Skandal."

Was ist ein Skandal, Madame? Diese Krankheit hat wirklich nur Haß im Gefolge.

Eine Sache ist mir gleich in den ersten Monaten aufgegangen: die Schuldzuweisungen sind bei dieser Krankheit nicht leicht zu verteilen. Viele Leute sind mitverantwortlich für dieses Übel, das ein kollektives geworden ist.

Der Kranke selbst, der den leichtesten Weg geht, um seine Beschwerden zu beheben. Der Partner, der ihn brüskiert. Die Familie des Kranken. Die Mutter, die ihm nicht genug Rückgrat mitgegeben hat. Der Vater, der ihn in einen ungeliebten Beruf drängte. Die Verwandten, die ihn das Schielen lehrten. Die Vorfahren, der Pfarrer, der Feldwebel des Kranken, das klatschsüchtige Dorf, die Nachbarn. Die aufdringliche Werbung für den Pastis. Die demoralisierende Atmosphäre der Zeit. Das Kriegsgeschrei, das seinen Frieden stört. Das drohende Finanzamt. Sein Beruf, der ihn ankotzt, die Arbeitslosigkeit, die ihm die Lebensfreude nimmt. Der dicke Kerl, der ihn demütigt. Die Ungerechtigkeit der Gesetze. Die Arroganz der Behörden. Der Kaufmann, der ihn betrogen hat. Die

Kneipe, die ihm ein Halbes zuviel berechnet hat (das ist mir passiert). Seine Frau, die seinen Overall nicht wäscht. Seine bigotte Frau, die nicht mit ihm schlafen will. Die unfreundliche Fürsorgerin. Der Arzt, der seine Leber abtastete und nichts gesagt hat. Der Architekt, der seinen Kaninchenstall gebaut hat. Die geldgierige Prominenz, die sich einen Dreck um seinen Mindestlohn kümmern. Die Ordensgeschmückten, die seine Bescheidenheit demütigen, die Kriegstreiber, die die Friedenstauben vertreiben. Alle die, die die Erde verpesten.

Madame, die Sie sich so entrüstet geben, seien Sie so ehrlich, anzuerkennen, daß auch Sie einen Teil Verantwortung an den Sünden der Zeit tragen.

Die Beherrschung der Gefühle

Sechs Monate trocken. Ich gebe zu viele Konzerte, ich nehme mir alles zu sehr zu Herzen, ich bin zu nervös und erschöpft, ich betreibe die Arbeit in der Gruppe zu fanatisch. Mein Leben ist zu hektisch.

Unter diesen Bedingungen genügte ein völlig belangloser Anlaß, daß ich wieder anfing zu trinken: eine Sicherung, die während eines Konzertes durchbrennt, ein klapperndes Kardangelenk unterwegs, das schmerzliche Bedauern, sich gegenüber einem Kollegen nicht korrekt verhalten zu haben, die spitze Bemerkung eines anderen. Ein Mann, der mich ohne Entschuldigung in einem Kaufhaus anrempelt, der schmallippige Typ, der mich während eines Konzertes ironisch anstarrt.

Kurz, solche Nichtigkeiten muß ich mir bewußt machen und sie als solche erkennen. Man braucht ein Minimum an Selbstbewußtsein, und man muß ein bißchen auf die Musik seines Herzens hören. Wenn die Melodie traurig wird, muß man es aussprechen.

Nicht nur Trübsal ist gefährlich, auch Euphorie.

Am Donnerstag, den 26. November 1974, beendete ich in Reims eine Reihe von fünf schönen Konzerten. Gegen 18 Uhr gehe ich zum Bahnhof, um dort im Restaurant zu Abend zu essen. Der Kellner sagt: „Ich kenne Sie, Sie sind Monsieur Lucien. Wollen Sie zu Abend essen, Maestro? (Er war Italiener). Ich werde Sie bedienen, in einer halben Stunde."

Ich war sehr glücklich und ich hatte Hunger.

Mein Blick fällt auf eine Werbung: „Sauerkraut nach Art des Hauses, ein Bier gratis."

Naiv sage ich mir, daß Sauerkraut sicher gesund wäre, daß es gut aussah, nahrhaft und leicht verdaulich ist und daß es mich bei meinem Konzert nicht beeinträchtigen würde. Sauerkraut ohne Bier ist ein Witz. Daß ein Glas Bier nicht schaden kann, vor allem, wenn man eine Woche lang anständig gearbeitet hat. Und nun tanzt vor meinem Auge der Schaum, der über das angelaufene Glas herabtropft. Eine halbe Stunde lang kreisen meine Gedanken um dieses kleine Bier. Wie ein Hund um einen Igel. Bis zu dem Augenblick, in dem ich aufwache.

„Kellner, eine Portion Sauerkraut und einen Perrier."

„Gerne, Maestro."

Eine andere Gefahr des Rückfalls: „Vielleicht bist du gar kein Alkoholiker." Selbst nach acht Monaten völliger Abstinenz kommt mir der Gedanke, daß ich mich eigentlich gar nicht so sehr von anderen Menschen unterscheide. Ich muß mich wieder in das normale Leben der anderen eingliedern. Ich bin gebaut wie die anderen. Ich habe einen Beruf wie die anderen. Ich lese die Zeitung wie die anderen. Ich werde beim Rugbymatch am 27. März zuschauen, kurz ich bin wie die anderen.

Aus allen diesen Gründen betritt man wie jeder andere ein Café am Place Stanislaus (genau neben dem Großen Theater), man bewundert das Rathaus wie alle. Man bestellt ein Heineken Bier, ohne Skrupel, ohne Zögern, ohne inneren Kampf. Nach dem Bier bezahlt man wie alle anderen.

Aber fünf Minuten später wird man von gemeiner Angst gepackt: in dem Gestrüpp der Schatten, das wieder dichter geworden ist, hört man wieder einmal das Halali. Nein, Lucien, du bist nicht wie die anderen.

Letzter Rückfall. Eine Frau aus Reims ruft an:

„Können Sie meinem Mann helfen?"

„Ja, wenn er aufhören will. Kann ich ihn mal sprechen?"

„Er ist nicht da, kommt aber gleich zurück."

Ich fahre nach Reims. Zunächst spreche ich die Dame allein, weil ihr Mann Zigaretten holen gegangen ist.

Er kommt zurück. Er scheint sich nicht gerade zu freuen, mich zu sehen. Er blickt mich nicht an und sagt auch nichts. Ich denke, er geniert sich, vor seiner Frau zu sprechen.

Im Auto erzähle ich sofort von mir und meiner Alkoholkrankheit. Er reagiert überhaupt nicht, erstaunlich. Von Zeit zu Zeit sagt er: „Das war sicher nicht sehr lustig", oder: „Da haben Sie wirklich was durchgemacht", oder: „Ich hatte einen Kumpel, der hat sich an einem Abend fünfzehn Kognaks und zehn Ricards hinter die Binde geschüttet. Der war vielleicht voll!" Meinem Elend, das ich ihm geschildert hatte, stand er unbeteiligt gegenüber. Von Zeit zu Zeit beugte er sich zum Armaturenbrett vor: „Diese Mühle bringt es sicher auf 6500 Umdrehungen in der Minute?"

Ich war ein bißchen verunsichert. Er unterbrach mich ständig: „Diese Kurve hier sollte wirklich begradigt werden", die Krankheit interessierte ihn nicht außer den Heldentaten der großen Säufer. Als er dann noch fragte: „Könnte ich in Nancy Postkarten kaufen? Für die Kumpels. Es gibt doch wohl Fotos vom Platz Stanislaus?", bin ich völlige deprimiert. Langsam beginne ich zu kochen.

In Nancy bereite ich ihm sein Lager in dem neben meinen liegenden Zimmer und gebe ihm für alle Fälle das Buch von Kessel: „Bei den Anonymen Alkoholikern".

Ich schlief sehr schlecht. Er hatte Hustenanfälle, und ich fürchtete, die anderen Bewohner könnten aufwachen.

„Das ist kein Alkoholiker", dachte ich, „ein echter Alkoholiker will nicht stören, er würde leise husten." Zwanzig Minuten später hustete er nicht mehr, er schnarchte. Wut und Enttäuschung stiegen in mir hoch. Über ihn, über mich. Wieder einmal hatte ich mich hereinlegen lassen.

Ich fuhr ihn nach Reims zurück, hätte ich ihm nur eine Fahrkarte gekauft. Während der Fahrt tauchte eine andere bittere Enttäuschung in mir auf:

Es war gegen zwei Uhr morgens, es regnete. Bei der Ausfahrt von Dijon hatte ich zwei Anhalter mitgenommen, die in ihren Regenmänteln fast verschwanden. Als sie hinten saßen, sah ich, daß es zwei Frauen waren, schweigsam, unzugänglich, dumm. Ich war erschöpft (kam aus Valence) und hatte keine Lust, mich zu unterhalten. In Nancy angekommen fragte ich, wo ich sie absetzen sollte: „In Metz."

Ich fuhr sie also bis Metz und ließ sie vor den blauen und roten Neonlichtern eines Nachtlokals aussteigen. Sie gingen ohne ein Wort, ohne Dank, glucksend wie eitle Papageien. Fassungslos kam ich in Nancy an: „Die Dummköpfe sterben nicht aus", sagte ich bitter zu mir und meinte die beiden. Sie dachten sicher das gleiche von mir.

Alles das ging mir im Kopf herum, als ich meinen Alkoholiker nach Reims zurückbrachte. Ich war nicht mehr wütend auf ihn, hätte aber heulen können. „Seit diesen Papageien hast du nichts dazugelernt, Lucien."

Niedergeschlagen kamen wir in seiner Wohnung an.

„Ist er geheilt?" fragte seine Frau.

„Nein".

Auf der Rückfahrt nach Nancy kam ich durch Vitry-le-François. Und dort ist direkt an der Ecke neben einer Renault-Werkstatt ein Café.

Ich ging hinein, um etwas Warmes zu trinken, und setzte mich bezeichnenderweise gleich an einen Tisch in der Nähe der Tür, als ob ich mir einen schnellen Abgang sichern wollte.

Am Tisch nebenan machte ein kleiner Junge Schularbeiten. Ich sprach ihn freundlich an.

Als die Kellnerin kam, hörte ich mich bestellen: „Ein Kleines, bitte." Ich trank voller Angst. Um die Angst loszuwerden: „Ein Kleines, bitte." Da die Angst nicht verging: „Noch ein Kleines, bitte."

Ich verließ den kleinen Jungen, ohne noch etwas zu sagen in dem Gefühl, nicht mehr an der Freude am Leben teilhaben zu dürfen. Wie ein Verrückter fuhr ich die nächsten hundert Kilometer und malträtierte die Maschine, die nichts dafür konnte, aber jemand mußte für die Ermordung meiner Hoffnung büßen. Klingt das geschwollen? Es ist viel schlimmer.

In Toul sah ich trotz der späten Stunde das Neonlicht einer Kneipe. Ich ging hinein. Meine Sehnsucht nach Glück ging in die Binsen.

Ich fuhr bis Metz, wo ich eine junge Frau kannte.

„Entschuldigen Sie, Madame, daß ich Sie wecke. Mir geht es nicht gut. Ich möchte mich bei Ihnen verkriechen."

„Kommen Sie herein, Monsieur. Ich mache Ihnen einen anständigen Kaffee und werde Ihnen ein Bett richten. Bei mir haben Sie nichts zu fürchten." Ihre braunen Augen blickten ganz ruhig. Sie ahnte, daß ich mein Zimmer in Nancy heute nicht ertragen konnte. Es gibt einfach Tage, an denen die vertrauten Räume den Alkoholiker anwidern, dann ist es besser, abzuhauen. Noch dreizehn Jahre später erinnere ich mich an die frische Bettwäsche und habe noch den Lavendelduft in der Nase.

Françoise (ja, sie war es) ging am Morgen ihrer Arbeit nach. Aber sie schickte eine zuverlässige Freundin, die mir das Frühstück machte. Auf dem Nachttisch neben meinem Bett fand ich einen Zettel: „Ruhen Sie sich gut aus, Monsieur, und bleiben Sie so lange, wie Sie wollen."

Als sie abends wiederkam, lächelte sie, denn sie wußte, eher noch als ich, daß ich es schaffen würde.

Vor einiger Zeit hatte ich zu Françoise gesagt: „Wenn ich Ihnen eines Tages einen Kranken bringe, ist es am besten, ihn in Ruhe zu lassen und ihm zu essen zu geben. Er muß Zeit finden, aus seinem Elend wieder aufzutauchen."

Und das war nun ich selbst. Sie befolgte meinen Rat. Aber brauchte sie überhaupt einen? Instinktiv weiß sie alles, was mit dem Leben zusammenhängt. Daß sie außerdem noch sehr schön ist, beeinflußt mein Urteil nicht. Wenn Gott entschlossen ist, einen Alkoholiker zu retten, dann setzt er, das weiß ich jetzt, nicht nur auf den Willen, sondern auch auf Schönheit.

Am nächsten Tag fand ich nach ihrem Fortgehen wieder eine kleine Nachricht: „Ich wünsche Ihnen einen guten Tag, Monsieur. Heute abend ist Treffen in Nancy." Statt der Unterschrift eine stilisierte Blume. Eine echte Rose stand auf meinem Tisch.

Ich ging also zu dem Treffen und erzählte die Geschichte meines letzten Rückfalls. Thérèse, die den Vorsitz führte, sagte als Antwort die Worte, die ich erwartete:

„Lucien, das war gestern. Gestern ist vorbei. Heute hast du nicht getrunken. Freu dich. Du bist bei uns. Du bist nicht in Gefahr. Bis morgen ist es noch lang."

Gestern – Heute – Morgen

Es gibt in jeder Woche zwei Tage, über die wir uns keine Sorgen machen sollten. Zwei Tage, die wir freihalten sollten von Angst und Bedrückung.

Einer dieser zwei Tage ist Gestern mit all seinen Fehlern und Sorgen, geistigen und körperlichen Schmerzen. Das Gestern ist nicht mehr unter unserer Kontrolle! Alles

Geld dieser Welt kann das Gestern nicht zurückbringen; wir können keine einzige Tat, die wir getan haben, ungeschehen machen. Wir können nicht ein Wort zurücknehmen, das wir gesagt haben. Das Gestern ist vorbei!

Der andere Tag, über den wir uns keine Sorgen machen sollten, ist das Morgen mit seinen möglichen Gefahren, Lasten, großen Versprechungen und weniger guten Leistungen. Auch das Morgen haben wir nicht unter unserer sofortigen Kontrolle.

Morgen wird die Sonne aufgehen, entweder in ihrem vollen Glanz oder hinter einer Wolkenwand. Aber eins steht fest: Sie wird aufgehen! Bis sie aufgeht, sollten wir uns nicht über Morgen Sorgen machen, weil Morgen noch nicht geboren ist.

Da bleibt nur ein Tag übrig: heute!

Jeder Mensch kann nur die Schlacht von einem Tag schlagen. Daß wir zusammenbrechen, geschieht nur, wenn Du und ich die Last dieser zwei fürchterlichen Ewigkeiten – gestern und morgen – zusammenfügen.

Es ist nicht die Erfahrung von heute, die die Menschen verrückt macht; es ist die Reue und Verbitterung für etwas, was gestern geschehen ist, oder die Furcht vor dem, was das Morgen wieder bringen wird.

Ich nähere mich Valence. Ich habe gar nicht gemerkt, daß es Tag wurde, auch nicht gesehen, daß ein paar Schneeflocken fielen. Ganz kleine Flöckchen wie Pailletten, die nicht liegen bleiben. In sechs Stunden bin ich in Metz. Madame Kiko hat mir eine ganz seltene Leckerei mitgegeben: kleine Schokoladenquadrate, gefüllt mit sehr starkem gezuckerten Kaffee.

„Waren Sie nach dem letzten Rückfall nicht sehr entmutigt?“

„Er war zu kurz, um physische Spuren zu hinterlassen.

Moralisch war ich allerdings beunruhigt. Ich wußte nicht, wie ich so etwas künftig vermeiden sollte, es sei denn, einfach die Methode der zwölf Schritte der AA zu befolgen."

„Haben viele Alkoholiker Rückfälle, wenn sie zu den AA kommen?"

„Schwer zu beantworten, aber man kann allgemein sagen: 50% haben nie einen Rückfall und sterben in Frieden. 25% erleiden einige Rückfälle wie ich und hören dann endgültig auf. Die letzten 25% hören nie völlig auf, aber wenn sie treu bei uns bleiben, fühlen sie sich auf allen Gebieten besser und sind schließlich auch glücklich."

Die, die abspringen, trifft man manchmal auf der Straße, mit erloschenem Blick, struppigen Haaren, entsetzlich gealtert, blutunterlaufenen Stellen im Gesicht. Und wenn ich an einem vorbeigehe, sehen wir uns an, seine Augen füllen sich mit Tränen und meine auch.

Von einigen anderen hörte ich im Laufe des Winters, daß sie im Frühjahr nicht wiederkommen werden: an Lungenentzündung gestorben, an Stoffwechselstörung, ertrunken. Ihre Frau kommt nicht zur Beerdigung. Entsetzlich. Ich will nicht weiter über sie sprechen, der Schlaf könnte Ihnen geraubt werden. Aber auf ihre Weise leisten sie mir einen letzten Dienst: so möchte ich nicht sterben.

„Was tun, um nicht rückfällig zu werden?"

„Man ist nie sicher."

„Um so sicher wie möglich zu werden?"

„Glücklich sein."

„Und um glücklich zu sein?"

„Seine Lebensweise ändern."

Mut, um Verzeihung zu bitten

Von jetzt an werde ich nicht mehr viel vom Alkohol sprechen. Allmählich werden Besessenheit und Angst vor dem Alkohol verschwinden. Denn ich brauche sie nicht mehr, weil es nichts mehr zu kompensieren gibt.

Aber ich muß mir darüber klar werden, daß in meinem Leben das Böse in vielerlei Erscheinungsformen vorhanden ist, viele kleine Gemeinheiten, die aus dem Halbdunkel meiner Erinnerung von Zeit zu Zeit auftauchen und meinen Gang im Laufe der Jahre schleppend werden ließen.

Mein Gedächtnis gleicht dem alten Wandschrank unter der Treppe auf unserem Hofe in den Vogesen. Für unseren Vater sollten wir manchmal dort etwas herausholen. Es gab bizarre Dinge, schlecht riechend, altmodisches Zeug, Überreste von der Arbeit, mit Grünspan bedeckte Gegenstände, oder Ledersachen, die nach dem Schweiß der Tiere rochen, aber auch solche, die mir Angst machten, weil ich nicht wußte, was es war. Im Dämmerlicht konnte ich sie nicht erkennen.

Das gleiche galt für den Schrank meines Kopfes. Kein Riegel hinderte die Erinnerungen undeutlich ins Gedächtnis aufzusteigen. Aus Scham und Ärger wagte ich noch nicht, ihnen ins Gesicht zu sehen.

Ich habe mich also an den achten Schritt gewagt, der mir der leichteste zu sein schien: „Wir machten eine Liste aller Personen, denen wir Schaden zugefügt hatten und beschlossen, ihn bei allen wiedergutzumachen."

Ich glaube nicht, meine Mitbrüder bei den Jesuiten verletzt zu haben. Ich war nicht grob zu ihnen, auch nicht unfreundlich, nicht heftig noch anmaßend oder gemein.

In Wahrheit waren sie unfreundlich und neidisch auf meine kleinen persönlichen Erfolge (außer drei wahren Freunden, die wußten, daß Erfolge mir nichts bedeuteten.) Und als meine Alkoholkrankheit ausbrach, sahen sie drin einen kleinen Ausgleich für ihr in geregelteren Bahnen verlaufendes Leben. Ich spreche ohne Bitterkeit und Bedauern.

Als ich sie um Vergebung bat, krank gewesen zu sein und durch mein so ganz anderes Betragen ihr Mißfallen erregt zu haben, erhielt ich recht brüderliche Antworten, z. B. „Es macht nichts, vergiß es. Willst du eine Zigarette?"

Nur einer sagte mir mehrere Male: „Ja, Sie sind uns mit Ihrer Flasche ganz schön auf die Nerven gegangen." Da kann man nichts machen. Jedesmal fielen diese Worte mit einem Plumps mitten hinein in meinen Seelenfrieden, denn in mir spürte ich die Kraft der AA.

Diese einfachen Worte: „Ich bitte um Verzeihung", waren die ersten Glieder einer Kette aus Schimpf und Schande, die zersprangen. Und die ganze Kette würde zerreißen und mir vor die Füße fallen.

Ich habe die Besitzerin eines Cafés, 20 km von Nancy entfernt, aufgesucht.

„Eine Tasse Kaffee, bitte. Danke, Madame. Übrigens, ich wollte noch etwas sagen. Sie sehen, ich trinke kein Bier mehr. Seit einem Jahr trinke ich nicht mehr. Es war nicht leicht. Jetzt geht es schon viel besser. Aber, Madame, ich wollte mich entschuldigen, wenn ich manchmal in Ihrem Café mehr getrunken habe, als ich hätte sollen. Verzeihen Sie."

Sie sagte nichts. Dann schob sie ihren Ärmel (ich glaube, es war der linke) hoch, und ich sah die eintätowierten blauen Zahlen: „Ich war deportiert, wie Sie sehen. Aber ich glaube, es war für mich leichter, herauszukommen, als für Sie. Alkohol, das ist wirklich eine Sache ..."

Als ich hinausging, durfte ich nicht bezahlen. Ich war glücklich. Wer etwas durchgemacht hat, versteht die Krankheit.

Ich schrieb an Pascale, mein kleines Mädchen. Sie antwortete: „Ich habe durchaus gesehen, daß Sie krank waren, lieber Vater. Ich habe die schlechten Erinnerungen vergessen und Sie sind wieder der, der Sie in Nazareth waren." Nazareth ist die Schule, die sie als Kind besuchte.

Ich ging in ein Café mitten in der Stadt. Es war voll wie stets. An die Theke gelehnt wartete ich, daß Charly meine Bestellung entgegennahm.

„Charly, bitte einen Diabolo mit Pfefferminz."

„Du willst kein Bier?"

„Nein, ich trinke nicht mehr, ich bin Alkoholiker."

„Alkoholiker? Daß ich nicht lache! Du?"

„Ja, ja, ja, ich bin Alkoholiker. Also entschuldige schon, wenn ich manchmal ein bißchen mehr getrunken habe, als ..."

„Nein, nein du bist kein Alkoholiker. Da kannst du alle hier fragen. Das glaubt kein Mensch."

„Doch."

„Nein, frag mal Jean. Hallo, Jean, komm mal her. Lucien sagt, er sei Alkoholiker, hör dir das an!"

„Doch!"

„Patron, können Sie mal eine Minute herkommen?"

Ein Possenspiel. Verkehrte Welt. Im allgemeinen bestreitet der Alkoholiker, einer zu sein. Hier bestreitet es Charly.

Vor Charly, Jean, dem Patron und Leuten, die ich kaum kannte, mußte ich nachgeben.

„Also gut, ich bin kein Alkoholiker, ich trinke einen Diabolo mit Pfefferminz."

„Wenn du einen Diabolo mit Pfefferminz trinkst, bist du kein Alkoholiker."

Eine mir unbekannte Dame, die aber offenbar zu tief ins Glas gesehen hatte, gab ihren Senf dazu:

„Monsieur, Sie sind kein Alkoholiker. Ich hatte einen Onkel, der war Alkoholiker, ein echter. Und der hatte Augen, in denen war das Weiße gelb, aber der war wirklich einer. Er hatte Säcke unter den Augen, hier und hier, verstehen Sie?"

„Diese Säcke hatte ich auch, aber sie sind verschwunden."

„Nein, nein, solche Säcke gehen nicht mehr weg."

„Also gut, wenn Sie wollen: ich bin kein Alkoholiker ..."

Ein anderes Mal nach einem Konzert in Toulouse sagte ich zu dem Veranstalter, ich mußte es einfach sagen: „Entschuldige, wenn ich dich früher vielleicht entsetzt habe, weil ich nach den Konzerten zuviel Bier getrunken habe." Und ich sprach weiter über dieses Thema, während er mir einen Kaffee machte. Gegen ein Uhr morgens brachte er mich bis zur Straße nach Carcassonne. Und ehe wir uns trennten, sagte ich ihm am Straßenrand den 88. Psalm auf: „Herr, Du Gott meines Heils, zu dir schreie ich am Tag und bei Nacht." Er umarmte mich und sagte: „Du hast teuer bezahlt, aber jetzt hast du sie gefunden, die Gelassenheit ..."

Warum dieser achte Schritt?

Um nichts Schmutziges zurückzulassen. Damit die

Freundschaften ganz von unten wieder wachsen können, damit unsere Beziehungen zu den Menschen klar und unmißverständlich werden, aber vor allem um unsererselbst willen. Um reinen Tisch zu machen und wieder am Fest des Lebens teilhaben zu können.

Der Alkohol hat meine Seele traurig gemacht, undurchlässig und bedrückt. Bedrückt, das ist das richtige Wort.

Im Weltraum gibt es (das habe ich in ‚Science et Vie' gelesen) Schwarze Löcher. Das sind Sterne und sogar Sternensysteme, die einmal geleuchtet haben, die sich aber im Laufe von Jahrtausenden übereinandergeschichtet haben und so auf einander drückten, daß sogar ihr Licht nicht mehr ihre Masse durchdringt. Sie sind auf ewig erloschen.

Der Alkohol hat aus mir ein gedrücktes, trauriges Wesen gemacht, ohne Ausstrahlung. Indem ich um Vergebung bat, kam das innere Licht wieder zum Vorschein.

Dadurch, daß ich um Vergebung bat, bin ich nicht zum Kriecher geworden. Ich habe mich von der Angst vor den anderen frei gemacht, von der Angst vor ihrem Urteil. Zum ersten Mal in meinem Leben fand ich Gefallen nicht mehr an ihrer Wertschätzung, sondern an meiner eigenen. Das ist schwierig zu erklären.

Der Alkohol hatte mich in einen Zustand der Niedergeschlagenheit, der Unterwürfigkeit versetzt, die Bitte um Vergebung brachte mich zurück in einen Zustand der Gnade. Das ist seltsam, das ist paradox, das ist verdreht, das mag auch zu allgemein klingen, alles, was Sie wollen. Aber es ist eine Erfahrungstatsache: „Wer sich erniedrigt, wird erhöht werden."

Wenn Sie es nicht begreifen, probieren Sie es aus oder schweigen Sie. Was die Wertschätzung und Zuneigung anderer nicht fertig gebracht haben, habe ich auf geheimnisvolle Weise erhalten, indem ich keinen Wert mehr auf eine solche Hochachtung und Zuneigung gelegt habe. Ich beginne wieder, mich selbst anzunehmen und zu lieben.

Henri Calet hat gegen Ende seines Lebens geschrieben: „Schüttelt mich nicht, ich bin voller Tränen." Ich glaube, ihn zu verstehen, weil ich meine Freunde ähnlich angefleht habe. Nun weine ich nicht mehr, ich habe weder Lust dazu, noch habe ich es nötig.

Ein einziges Mal brauchte ich etwas Mut, um den 8. Schritt zu bewältigen:

Ungefähr im Mai 1968 ging ich aufgewühlt von den Ereignissen und vom Alkohol in das Hafen-Café. Das besuchte ich ab und zu, weniger, weil der Patron nett war, sondern um mir mein Quantum an Halben zu genehmigen. An diesem Abend setzte ich noch ein oder zwei Weiße drauf. Ich war redselig, anmaßend und erregt. Schließlich rief mir der Patron zu: „Geh deinen Rausch ausschlafen, Dummkopf!"

Das traf, vor allem, weil er es sehr ruhig sagte.

Drei Jahre nach diesem kleinen Zwischenfall stellte ich meinen Wagen ab und ging hinein:

„Bitte einen Kaffee."

Er legte seine Zeitung hin und beim ersten Blick erinnerte er sich an mich. Mit seinen Riesentatzen servierte er mir einen kleinen Schwarzen. (Wie plumpe Kinderhände, die mit Puppengeschirr spielen.)

„Das letzte Mal habe ich mich nicht sehr fein aufgeführt."

„Ja, ich erinnere mich jetzt." Und ehe er sich wieder seiner Lektüre zuwandte, fügte er hinzu: „Wenn man nicht zu trinken versteht, soll man es lassen."

Zwecklos, ihm irgendetwas zu erklären. Schweigend trank ich meinen Kaffee. Aber als ich dann meinen Wagen anließ, sagte ich zu mir: „Gut gemacht, mein Kleiner."

Mir wurde bewußt, daß ich mit anderen Getränken auch andere Freunde erwarb, und daß ich gut damit fuhr.

Es gibt die Welt der Gesunden und die der Alkoholiker, und diese zwei Welten können kaum zueinander finden.

Ein nie geahnter Frieden begann in mir einzukehren. Ängste, Trauer, Scham, alles begann abzusterben.

„Wer sich erniedrigt, wird erhöht werden." Dieses rätselhafte Wort wurde mir mehr und mehr verständlich.

Es ist Mittag. Ich habe Lyon erreicht. Ganz schöne Staus. Ich will meinen alten Freund Galard besuchen, aber ich bin sicherlich kein sehr angenehmer Besucher, weil mir zuviele Dinge im Kopf herumgehen. Fouquet verlangt von Partnern (wenn einer von den beiden Alkoholiker ist), daß sie ihren „Kleinkrieg" aufgeben. Das ist nicht schlecht für den Anfang, erscheint mir aber ungenügend. Was die AA verlangen, ist viel einschneidender. Um Vergebung bitten heißt, die Initiative ergreifen, um Gewalt, Stolz, Trotz und Gehässigkeit in einer Beziehung abzubauen und durch Wahrhaftigkeit zu ersetzen.

„Es stimmt, ich war hart, gewalttätig. Es stimmt aber auch, daß ich dich trotzdem lieben möchte. Es stimmt, du meintest, richtig zu handeln, es stimmt, ich hatte Unrecht, es stimmt, daß wir in das Räderwerk der Gewalttätigkeit geraten sind. Es stimmt auch, daß ich nicht schuldig bin und du noch weniger."

Eines Tages in der Bretagne bat mich ein AA, ihn zu begleiten, um seinen achten Schritt bei dem Dorfpfarrer zu tun.

„Herr Pfarrer, ich bin Alkoholiker, ich trinke nicht mehr, ich bin gekommen, Sie um Verzeihung zu bitten. Ich bin der Besitzer des Cafés am Dorfplatz."

„Warum mich um Verzeihung bitten?"

„Weil ich, als Sie vor der Kirchentür ihre Fahrradklemmen abmachten, mit einem Gewehr auf Sie zielte und ‚peng, peng' machte." (Das klang ganz schön laut in diesem Haus.)

„Mit einem Gewehr?"

„Nun ja, mit einem Besenstiel, den ich wie ein Gewehr hielt."

„Achso? Ich habe nicht ‚peng peng' gehört, sondern ‚kräh, kräh'", sagte der Pfarrer lächelnd.

„Das war ich auch, ich habe beides gemacht."

„Wie eigenartig und warum?"

„Um die Kundschaft zu amüsieren."

„Und warum kommen Sie, mir das zu erzählen?"

„Weil mir die Entschuldigung gut tut."

Die weiße Haube der Haushälterin erschien in der halboffenen Tür. Herbeigelockt von dem Lärm wollte sie sich diese seltsame Sache aus der Nähe ansehen: einen Mann, der ihren Pfarrer um Verzeihung bat, weil er ihn geärgert hatte.

Alle AA, die diesen Schritt getan haben, sind verändert. Sie sind geheilt von: Eitelkeit, Stolz, Gewalttätigkeit, Angeberei, Prahlerei, Prunksucht, wodurch viel Elend verursacht wird.

Glück ist ansteckend

Zwölfter Schritt: „Nachdem wir durch diese Schritte ein seelisches Erwachen erlebt hatten, versuchten wir, diese Botschaft an Alkoholiker weiterzugeben."

Zunächst vergewisserte ich mich, ob der Kranke wirklich herauskommen wollte, um nicht die gleiche traurige Erfahrung wie in Reims zu machen.

Warum lud ich die Kranken zu mir ein? Meinetwegen. Um die Gruppe zu vergrößern, die meine Abstinenz garantierte. Um meine Freude teilen zu können. Um das Hochgefühl zu erleben, bei der Geburt eines glücklichen Menschen zu helfen.

„Aber wenn der Kranke seelisch am Ende ist?"

„Dann ist es noch einfacher."

Bei diesem Kranken rief mich seine Frau an.

„Kommen Sie, sagte ich, ich werde an der Tankstelle Total am Ausgang von Colombey sein, damit Sie in Nancy nicht erst suchen müssen."

Sie kamen zur festgesetzten Zeit, die Dame fuhr. Mit ihrem Pudel auf dem Arm stieg sie aus. Sie redet. Er hält sich abseits, raucht eine Zigarette, um sein Desinteresse zu demonstrieren, oder um das Gejammere seiner Frau nicht mitanhören zu müssen, oder um zu zeigen, daß er mit mir nichts im Sinn hat. Am Nummernschild des Wagens erkenne ich, daß sie von weither kommen. Die Frau redet schöne Worte, verlorene Zeit. Der Mann (er ist jung) interessiert mich. Es wird spät.

„Jacques, du fährst mit mir. Madame, Sie folgen mir bitte. Ich bringe Sie zu Françoise nach Metz.“

Auf der Rückfahrt von Metz haben wir kein Wort gesprochen. Wir haben Zeit, bloß keine Aufregung, kein unnützes Gerede. Ich spüre, er erwartet etwas, das er erhofft, dem er mißtraut. Aber er möchte doch, daß sich etwas ändert, weil er es satt hat.

Ich beziehe mein Bett neu, lege ein blaues Kopfkissen hin. Für mich pumpe ich eine Luftmatratze auf und lege sie neben den Schreibtisch.

„Hast du Hunger?“ Gewöhnlich hat er keinen Appetit.

„Hast du Durst? Im Schrank steht eine Flasche Kirsch. Du kannst trinken, soviel du willst. Oder möchtest du ein Bier Kronenbourg?“ Bis jetzt haben noch alle abgelehnt.

Er macht es sich in meinem Sessel bequem, innerlich und äußerlich unsicher.

Ich werde von mir und meiner Krankheit erzählen, ohne Pause, um zu vermeiden, daß er lügt.

Andere in seiner Lage sprechen trotzdem:

„Wissen Sie, Monsieur, ich bin bei den Brüdern in Lyon in die Schule gegangen. Wissen Sie, meine Frau ist sehr gläubig. Wissen Sie, ich habe nichts gegen die Religion.“ Aber aus meiner Haltung merken sie, daß ich darauf pfeife, und daß das Problem woanders liegt. Andere erzählen mir:

„Ich bin Werkmeister in Villeurbanne. Mein Mann ist Techniker. Ich bin Radar-Kapitän. In dem Jahr als ich in Griechenland war, usw.“ Kurz, sie versuchen, sich in meinen Augen aufzuwerten, weil sie vor Scham und Trauer vergehen. Ich sage ihnen, daß ich diese Geschichten nicht hören will, daß sie völlig unwichtig sind.

Jacques sagt nichts, aber ich spüre, daß er am Ende ist, daß er sich vor sich selbst ekelt.

Er setzt sich im Sessel zurecht, nur die Schreibtischlampe brennt. Ich fühle mich zu Jacques hingezogen, was er sicher spürt. (Ein Alkoholiker spürt das sofort.)

Und ich beginne in völliger Offenheit von mir zu sprechen, denn aus Erfahrung weiß ich, daß er mich nie enttäuschen wird. Gleichförmig, ohne Gejammere, lasse ich auch die schlimmsten Dinge nicht aus, die mir passiert sind, die beschämendsten und die erbärmlichsten. Kein Wort über die Pluspunkte in meinem Leben, das würde ihn nur verführen, das gleiche zu tun.

Im Verlauf einer Stunde drängt es mich immer mehr, die Türen seiner Einsamkeit einzurennen, die Mauer seines Schweigens zu durchbrechen. Ich möchte, daß er hört und versteht. Was versteht? Daß ich wie er bin. Und daß ich weiß, er ist wie ich.

Ich lege meine Uhr auf den Tisch.

„Jacques, es ist neun. Wir werden versuchen, eine Stunde nicht zu trinken." Jacques sagt nichts. Im Gegensatz zu anderen, die sagen: „Eine Stunde, das ist leicht. So weit bin ich nun doch noch nicht."

Während ich spreche, sehe ich aus seiner Haltung, seinem Blick, was er denkt, wie sein Stolz und sein Mißtrauen sich auflösen. Ich spreche ohne Scham, ohne zu mogeln, zurückhaltend, aber auch ohne etwas zu vertuschen. Die Wahrheit wird auch ihn befreien.

Nach einer Stunde frage ich ihn: „Hast du Durst?" – „Nein". Seltsamerweise vergeht das Verlangen nach Alkohol, wenn man davon redet. Verstehe, wer kann.

Die dritte Stunde beginnt. Mein Unfall in den Alpen interessiert ihn. „Wie bei mir", sagt er. Und mit diesem Eingeständnis beginnt er seinen ersten Schritt. Die Freude darüber verdoppelt meine Hartnäckigkeit, die Wahrheit zu sagen, wie ich gelogen habe, um mich zu rechtfertigen; wie ich mich in meinen Halbwahrheiten verstrickte; wie ich mein Gedächtnis verlor; wie ich mir den Namen der

Stadt aufschreiben mußte, in die ich fuhr, um ihn nicht zu vergessen. Kurz, alles, was ich hier auf Kassette gesprochen habe, erzählte ich ihm ohne Scham, in einem gleichmäßigen und gleichgültigen Ton.

Nach vier Stunden fragte ich ihn: „Hast du Durst?" – „Nein".

„Komm, Jacques, ich werde dir zeigen, wie ich es angestellt habe, um nachts zu trinken."

Ich gehe voran, mache das Minutenlicht an, und wir steigen auf leisen Sohlen die Treppe hinunter. Auf der drittletzten Stufe drehe ich mich um, damit er auch diese Stufe überspringt, weil sie knarrt, und er tut es brav genau wie ich.

Vorsichtig öffne ich die Schranktür, weil der Schlüssel knirscht. Ich öffne die Flasche, wobei ich das Quietschen des Korkens vermeide. Die gleiche Gier nach Alkohol erfindet die gleichen Tricks, sie zu kaschieren.

Und Jacques? Was macht er? Er lacht lautlos. Ich flüstere ihm zu: „Wir sind sechs Millionen in Frankreich, die es genau so machen." Und das scheint ihn zu erleichtern.

Wenn es sich um eine Frau handelt, erzählt sie von Schuldgefühlen und manchmal weint sie mit gesenktem Kopf.

Diese Komödie hier endet mit einem freundschaftlichen Rippenstoß, „Jacques, verdammt noch mal, komm!"

Wir beginnen die fünfte Stunde. Ich erzähle ihm von Versailles und von Christiane und meinem ersten Treffen. Wie ich das kleine braune Buch gelesen habe, und von meiner Hoffnung, herauszukommen.

„Bist du müde?" Er streckt sich in dem sauberen Bett aus. Und ich gehe hinunter, um einen Augenblick in der Hauskapelle zu beten. Wenn ich beten sage, meine ich, mich mit meiner Höheren Macht unterhalten. Wenn ich unterhalten sage, heißt das, ich bleibe bei ihr und sie bei mir und das in einem Gefühl glücklichen Einverständnisses. Sie, Jacques und ich.

Ich bringe ihm eine Flasche Mineralwasser hinauf mit einem Kristallglas.

Vielleicht schläft er schon, ich rücke die Lampe zurecht, damit ihn das Licht nicht stört. Auf ein Blatt Papier schreibe ich:

„Schlaf gut, Bruder. Denk' dran, daß die Vergangenheit tot ist, daß morgen noch nicht da ist und daß du heute mit mir zusammen bist. Schließ Frieden mit dir in deinem Herzen. Du bist kein Schuft. Trink viel Wasser. Weck' mich um neun Uhr. Gegenüber ist ein Tabakladen und daneben ein kleines Bistro. Dort kannst du Kaffee trinken. Lach' dir eins, Bruder." (Fünf Jahre später wird mir Jacques diesen Zettel zeigen, den er immer in seiner Brieftasche hat.)

Als ich am nächsten Morgen aufwache, finde ich, daß sich Jacques Blick zu verändern beginnt.

„Ich habe Zigaretten geholt. Ich habe nebenan einen Kaffee getrunken, ich hatte kein Verlangen auf ein kleines Bier." (Natürlich! Die Gegenwart eines Alkoholikers, meine Gegenwart, beruhigt ihn.) Am Abend des ersten Tages gehen wir zu der Versammlung in Metz. Er ist etwas unruhig. Aber als es an ihm ist, zu sprechen, sagt er wie die anderen: „Ich heiße Jacques, ich bin Alkoholiker, ich bin zur Zeit bei Lucien. Ich möchte sagen, daß ..."

Natürlich möchte er sagen ...

Im Laufe des Tages versucht er, Gründe zu finden.

„Weißt du, ich trinke wegen meines Berufes. In der Werkstatt von Villeurbanne ..."

„Jacques, versuch nicht, Gründe zu finden. Am Anfang täuscht man sich fast immer. Ich trinke, weil meine Arbeit schwer ist. Weil ich keine Arbeit habe. Weil ich nicht verheiratet bin, weil ich schlecht verheiratet bin. Um mich auf der Baustelle aufzuwärmen. Um mich in Nizza etwas zu erfrischen. Weil ich im Norden wohne, weil ich im Süden wohne. Ich trinke, weil ich es gut vertrage. Ich trinke, und weil ich es nicht gut vertrage ... Ich trinke, weil zu Hause zu viele Kinder herumwuseln. Ich trinke, weil ich keine Kinder habe. Ich trinke, weil ich Vertreter bin, und dabei mit vielen Leuten zusammenkomme ... Ich trinke, weil ich allein mit meiner Motorsäge im Wald bin ... Ich trinke, weil ich gut aussehe und dann mit den Mädchen ... Ich trinke, weil ich abstehende Ohren habe und dann mit den Mädchen ... Alles das, Jacques, ist dummes Gerede. Das sind die eigenen Ausreden. Mach' dich ganz klein und suche nicht nach Erklärungen. In ein paar Jahren wirst du klarer sehen. Die Gründe liegen viel tiefer, als du denkst."

Jacques und ich nahmen unsere Mahlzeiten bei mir im Hause ein, zusammen mit meinen Kollegen. Sie verhielten sich stets sehr diskret und freundlich Jacques gegenüber (genauso wie sie es gegenüber anderen taten). Während des Essens sagte er nichts. Er ließ alles geschehen und dachte darüber nach, was er auf den Versammlungen gehört hatte. Mit seinem Schweigen schützte er seine zarte Hoffnung, so wie man eine flackernde Kerze mit der Hand abschirmt.

Am Abend des dritten Tages reist er ab. Ich fahre Jacques und seine Frau mit Hund bis zur Einfahrt von Colombey, genau dorthin, wo ich sie vor drei Tagen getroffen habe. Ich strecke der Frau die Hand hin.

Als ich Jacques die Hand geben will, tritt er auf mich zu und umarmt mich unter dem verdutzten Blick der Frau und ich flüstere ihm zu:

„Lach' dir eins, verdammt noch mal!"

Er war auf dem richtigen Wege. Seine Gratwanderung dauert jetzt schon fünf Jahre.

Auf dem Rückweg nach Nancy erfüllte mich unsägliche Freude und Staunen über diese paradoxe Wahrheit:

> Ich bin ein Mensch, beinah ein Nichts,
> gering bin ich und ausgeliefert menschlicher Gewalt.
> Und dieser Mensch, das Nichts, ist dennoch der,
> durch den die Tauben hören,
> Blinde sehen und Lahme gehen,
> und der die Leprakranken heilt.

Dieser Text von Kierkegaard trifft ganz besonders zu für Jesus Christus, aber auch ein bißchen auf trocken gewordene Alkoholiker.

Der Wunsch, klar zu sehen

Monate später hatte ich das Verlangen, mich näher mit dem vierten Schritt, der mich faszinierte, zu befassen. Er schien einen neuralgischen Punkt in meinem Leben zu berühren. Die AA formulieren ihn so:

„Wir haben uns entschlossen daran gemacht, unsere seelische Verfassung genau zu analysieren."

Jawohl, man braucht Mut dazu, die Tür zur inneren Rumpelkammer aufzustoßen und einem anderen gegenüber auszusprechen, was man da erblickt.

Ohne die Gruppe (ich kann es nicht oft genug sagen), hätte ich die Klappe sofort wieder zugeschlagen und mich davongemacht ...

Es ging jetzt nicht mehr darum, meine Dummheiten zu zählen, die sich zahlenmäßig eigentlich in Grenzen hielten. Es ging darum, das psychologische Klima zu ergründen, in dem die giftige Blume des Alkohols gedeihen konnte.

Da fällt mir zuerst eine Atmosphäre der Unsicherheit ein und zwar seit Kindertagen.

Nicht Unsicherheit gegenüber dem Leben, vor körperlichem Leiden, vor meinem kalten Schulweg und eventuellen unangenehmen Überraschungen oder wegen meiner komischen Holzschuhe mit Schnürbändern.

Alles das wurde aufgewogen durch die Sicherheit meiner fröhlichen Mutter und die Zuverlässigkeit meines Vaters, die Sanftheit der Kühe mit den Primadonnen-Augen (ja wirklich, das glaube ich) und die zutraulichen Schafe. Man fühlte sich sicher bei uns, keine Tür war verschlossen (es gab nicht einmal einen Schlüssel, der deutsche Schäferhund genügte).

Nicht das Leben an sich machte mir Angst, auch nicht der Tod. Weder die Feuersbrunst bei einem Vetter (dessen Kinder wir danach bei uns aufnahmen), noch der Sturm, der unser Korn umlegte. Solche Ereignisse können keinen zum Alkoholiker machen. Sie rühren nicht an die Seele.

Nicht das Leben machte mir Angst. Es war die Stadt. Alles, was es so in der Stadt gab, machte Angst, weil es fremd war.

Nur ein Beispiel: in der Schule gab es auf der Toilette Wasserspülung. Ich traute mich zunächst nicht, an der Kette zu ziehen, obwohl sie dafür da zu sein schien, und ich erschrak entsetzlich, als das Wasser rauschte und nicht aufhören wollte. Für mich war dies seltsam und erschrekkend: Wasser, das eigentlich auf Wiesen fließen sollte, in halbverrosteten Kästen einzuschließen!

Alles schien mir fremd und bedrohlich, was nicht zum Haus und der nächsten Umgebung gehörte.

Das Wort ‚Unsicherheit' kam mir immer wieder auf die Lippen, wenn ich (freitags bei den AA) von meinen ersten Schuljahren sprach. „Das ist ein alter Hut, das kennen wir", schienen die AA kopfnickend zu sagen.

In der Volksschule hatte ich das Pech, einen Lehrer zu bekommen, der die Kinder vom Lande nicht mochte. Meine Kameraden mochten mich, er dagegen nicht. Nie kam von ihm ein Wort der Ermutigung, wenn ich im Winter acht Kilometer zur Schule marschieren mußte. Für die kurzen Beine eines kleinen Jungen will das schon etwas heißen.

Ich spürte diese Geringschätzung des Lehrers und

wehrte mich, indem ich nicht arbeitete. Deswegen war ich stets der letzte, der zweiundvierzigste. Außer im Winter 1928 (als minus dreißig Grad waren), da war ich der achtunddreißigste, weil vier die Grippe hatten. Die Freude meines Vaters war nur kurz, im Frühling nahm ich wieder meinen alten Platz ein.

Wenn Alkoholiker daran gehen, ihre Kindheit aufzuarbeiten, stoßen sie sehr oft auf Erwachsene, die ihre Autorität mißbrauchten. Nach den Arbeiten am Abend machte mir der Aufsicht führende Lehrer ein Zeichen. Das bedeutete: „Hol mir einen Krug heißen Wassers." Und wenn ich sah, wie er sich die Hände bürstete und die Nägel sorgfältig reinigte, erfaßten mich Zorn und Scham, wenn ich an die Hände meiner Mutter dachte, die gerade um diese Zeit die Kühe melkte. Gepflegte Hände bei einem Mann mag ich nicht, vor allem, wenn er nicht ‚Danke' sagen kann, denn das hat er nie getan. Die Höflichkeit dieses Herrn war nicht von der Art, die ich von zu Hause gewöhnt war. Befremden, Unsicherheit.

Und mehr noch als die merkwürdigen Dinge machten mir die Menschen Angst. Eines Tages sagte uns der Lehrer, wir sollten uns einen Katechismus kaufen. Mit meinen paar Sous ging ich in die Buchhandlung Raimbaud. Drinnen roch es gut (anders gut als das Grummet), und alle Bücher waren neu. Der große Herr im weißen Kittel und mit funkelnden Brillengläsern fragte mich:

„Was möchtest du, Kleiner?"

„Ich möchte einen Katechismus", sagte ich und streckte ihm meine Hand voll Kupfermünzen hin. Er lächelte, aber sein Lächeln war von hinterhältiger Bosheit (Kinder merken das todsicher).

„Du willst also wohl in den Himmel kommen?"

Ich war verwirrt und Tränen traten mir in die Augen: „Oh ja, Monsieur."

Wenn ein Erwachsener ein Kind provoziert, dann wird es das nie vergessen und unbewußt wird es nicht erwachsen werden wollen. Ich weiß nicht mehr, ob der Mond schien, als ich nach Hause ging. Wenn ja, habe ich ihm sicher einen traurigen Blick zugeworfen. Zu Hause habe ich nichts gesagt. Weder meiner Mutter, um sie nicht zu betrüben, noch meinem Vater, der es fertig gebracht hätte, hinzugehen und ihm eine zu verpassen.

Ich behielt diese Erinnerung für mich und fragte: „Wie kann man erwachsen sein und so niederträchtig?" Befremden, Unsicherheit.

Um diese Zeit sah ich in dem Schaufenster des Kolonialwarengeschäftes von M. Derval (damals wurde in diesen Läden alles verkauft) eine faszinierend blaue Taschenlampe. Jedesmal, wenn ich vorbeiging, betrachtete ich sie.

„Hoffentlich ist sie im Herbst noch da, wenn die langen Nächte kommen", dachte ich. Da ich bei den Einkäufen hier und da etwas herausschlug, würde ich sie mir leisten können.

„Ich möchte eine Taschenlampe."

„Welche möchtest du?"

„Die blaue."

Er nahm sie, wischte sie mit einem Lappen ab, schraubte eine Birne ein. Ich verfolgte alle Handgriffe mit triumphierendem Jubel. Nach der Birne ergriff er eine Batterie. Aber was ist das? Anstatt einer großen Batterie, die der Größe der Lampe entsprach, nahm er eine halb so große. Damit sie im Gehäuse nicht zu sehr hin und herrutscht, stopfte er den Hohlraum mit Zeitungspapier aus. Aber der Kontakt funktionierte nicht, also stopfte er noch mehr Zeitungspapier hinein. Trotzdem rutschte die Batterie immer noch. Er nahm das ganze Zeug wieder heraus, bog die Kupferkontakte zurecht und steckte wieder Zeitungspapier hinein.

„Hier mein Junge. Wackle nicht zu sehr damit. Aber wenn sie nicht funktioniert, mußt du sie ein bißchen schütteln."

Auf dem dunklen Heimweg hantierte ich wie närrisch mit ihr herum. Ich steckte sie in die Tasche meiner Schürze und betrachtete das durch den Stoff scheinende Licht. Oder ich preßte die Handfläche dagegen und war erstaunt über meine rosa Hand. Dann legte ich die Lampe auf einen Stein, entfernte mich ein paar Meter und bewunderte das Dreieck aus Licht, das mich zu ihr zurückführte. Und dann ging die Lampe aus.

Der Kern der Geschichte? Der Verkäufer hatte das Vertrauen eines kleinen Jungen enttäuscht, der sich noch lange fragen würde: „Wie kann man erwachsen sein und unehrlich?"

Diese Geschichten zeigen bereits den Hintergrund meiner Krankheit. Ein kleiner Junge erlebt zu Hause viel beruhigende Zärtlichkeit. Die Erwachsenen, mit denen er in Berührung kommt, zerbrechen mit ihrer Lieblosigkeit das Gefühl glücklicher Geborgenheit. Und der kleine Junge hat nur zwei Möglichkeiten:

Er muß entweder, um akzeptiert zu werden, um jede Auseinandersetzung zu vermeiden, selbst lieblos, dummdreist und autoritär werden, wenn er das kann.

Oder er muß in dem Bewußtsein, daß seine Haltung die richtige ist, (und in vier Stunden des Alleinseins täglich konnte ich mir durchaus eine Meinung bilden) auch weiterhin mit dem Mond spielen und sich mit dessen Zuneigung trösten.

Für mich stand jedenfalls fest, auf der gleichen Erde gab es zumindest zwei Welten.

Zwischen diesen beiden auseinanderklaffenden Welten

wird sich meine Alkoholkrankheit häuslich einrichten. Der Alkohol ist ein Mittel, diese Unvereinbarkeit zu ertragen. Alkoholismus, ein Abwehrreflex, instinktive Flucht. Flucht, Flucht, Flucht bis zum Mond, bis zum Alkohol.

An einem Junimorgen war ich zu spät dran für die Schule und die Angst, gescholten zu werden, ließ meine Füße noch schwerer und die Verspätung noch größer werden. Also versteckte ich mich in einem Gestrüpp und schwänzte die Schule. Im Dialekt sagt man bei uns: „Ich spielte den Fuchsschwanz". Welche Erleichterung, den Leuten in der Stadt und dem selbstgerechten Lehrer entkommen zu sein. Meine Mutter hatte mir in meiner Tasche Brot und Schokolade als Schulproviant mitgegeben. Es war gerade die Zeit der Maikäfer, und wir haben uns den ganzen Tag, ja sogar die ganze Woche herrlich miteinander amüsiert.

Wieder der gleiche Reflex: Flucht.

Der Lehrer bestrafte mich, aber ich bereute nichts.

„Hatten Sie ein Schuldgefühl, weil Sie die Schule geschwänzt haben?"

„Überhaupt nicht. Das war meine Art, glücklich zu sein."

Der Tag des Abschlußzeugnisses kam. Ich war der einzige, der es nicht geschafft hatte. Ich stand zwischen Eltern und Kindern, die ihre Noten lasen. Auch der Lehrer war da und beglückwünschte diesen und jenen. Die Eltern bedankten sich etwas geziert. Ich sah ihn auf mich zukommen.

Anstatt mir zu sagen: „Du hast es nicht geschafft, aber dafür gibt es ja Gründe. Du hast einen langen Schulweg und das wirkt sich natürlich auf deine Arbeit aus. Aber dafür kannst du nichts." Das hätte er vielleicht gesagt, wenn mein Vater da gewesen wäre. Aber zu dem Kind, das da allein stand, schon bedrückt durch seinen Mißerfolg, sagte er: „Daß du es nicht schaffen würdest, war mir klar."

Im Grunde meines Herzens war ich zufrieden. Jetzt war ich diesen Lehrer mit den weichlichen Händen los, auch den Buchhändler mit der funkelnden Brille und den Kaufmann, der meine Träume kaputt gemacht hat. Ich sollte sie nie wiedersehen.

Zum letzten Mal trat ich den Heimweg auf meiner holprig gepflasterten Römerstraße an, auf der meine Holzschuhe (und später meine Lederschuhe) sich abgenützt hatten. Aber das nahm ich meiner Straße nicht übel. Zehntausend Stunden Einsamkeit hatte ich mit ihr verbracht. Die Kluft zwischen dem, was mir Menschen antaten und einer Welt, wie ich sie erträumte, hatte Zeit genug gehabt, sich aufzutun.

Meiner Straße nahm ich es nicht übel: nicht Dinge machen Menschen zu Alkoholikern, sondern andere Menschen.

Ich bin froh, diese Geschichten endlich erzählen zu können und allein die Tatsache, sie aus meiner Erinnerung hervorzuholen, macht sie erträglich. Sie verlieren ihre Schärfe, die den Lebensmut aushöhlt. Es ist wie bei den Mäusen: Man muß nur Licht anmachen und die Mäuse verschwinden.

Wenn ich an meine warmherzige Mutter zurückdenke, so weiß ich, daß sie mich gelehrt hat, Gott zu lieben (ohne je davon zu sprechen), und die Menschen zu lieben, aber sie hat mich nicht gelehrt, mich selbst zu lieben, auch nicht, mich zu wehren.

Heute denke ich, daß man Gott, die Menschen und sich selbst mit gleicher Intensität lieben sollte.

Gott lieben, ohne die Menschen zu lieben, ist Frömmelei.

Die Menschen lieben, ohne Gott zu lieben (wenn man ihn kennt), ist Mangel an Logik.

Sich selbst lieben, ohne die anderen zu lieben, hieße eine Welt schaffen, die nicht lebenswert wäre für die, um die es sich lohnt und die alle Überlebenden der Gewalt auslieferte.

Aber andere lieben, ohne sich selbst zu lieben, ist eine Krankheit, die zum Alkohol führen kann.

Jetzt, da ich seit vierzehn Jahren trocken bin, weiß ich, daß mein Glück von der Ausgewogenheit dieser dreifachen Liebe abhängt.

Die Unsicherheit blieb bestehen.

Mit dem Wunsch, die anderen zu lieben, trat ich mit achtzehn Jahren in den Jesuitenorden ein. Ich fühlte mich sehr wohl in der Gesellschaft meiner Novizenbrüder. Aber ich fühlte mich unglücklich gegenüber dem Direktor, der von meinen Mondgeschichten und der verborgenen Seite der Dinge nichts verstand. Meiner Meinung nach hätte er einen guten Devotionalienhändler abgegeben. Für mich waren es zwei Jahre einer wehmütigen und ängstlichen Freude. Denn er terrorisierte mich, weil er die moralische Autorität hatte. Er erteilte mir Befehle im Namen Gottes, die mir mein Gott nicht aufgetragen hätte. Es entstand ein völliges gegenseitiges Unverständnis.

Als mein Vater mich während des Noviziats besuchte, machte der Pater Direktor mit uns einen Gang durch den Garten. Dabei nahm er den Arm meines Vaters: „Also das ist der Vater von Lucien“, begann er und tätschelte seine Hand. Diese freundlich gemeinte Geste war für mich ein Haschen nach Wohlwollen und am liebsten hätte ich gesagt: „Hör nicht auf ihn, er hat nichts für dich übrig, er gehört nicht zu unserer Welt.“ Und ich habe nichts gesagt, weil er die moralische Autorität auf seiner Seite hatte.

Ich betone „moralisch". Andere Autoritäten fürchte ich nicht, in mir ist der „Anarchist" stets auf dem Sprung. Ich habe nie Angst vor Polizisten gehabt oder vor meinen Brüdern, den Bischöfen, noch vor meinem Bataillonskommandanten. (Ich war vierzehn Tage eingelocht, weil ich ihm ein sehr grobes Wort gesagt habe.)

Aber mein Pater Direktor hatte die moralische Autorität, die von Gott, deren er sich bemächtigt hatte. Ich hatte nur die von Jesus Christus, die ich als eine lächelnde und befreiende empfand.

Einige Jahre später sagte mein Freund Brassens gegenüber der Zeitung ‚Voix du Nord', die ihn interviewte: „Ich habe keinen Glauben, aber ich bin nicht völlig sicher, recht zu haben. Lucien hat Glauben, aber er ist nicht völlig sicher, recht zu haben." Mein Pater Direktor war empört über meine Worte, die Brassens verkürzt wiedergegeben hatte, ohne die Wahrheit dahinter zu erkennen.

Nach zwei Jahren Noviziat hätte ich meine Gelübde ablegen sollen. Der Pater Direktor erlaubte es nicht. Wieder einmal war ich ein Sonderfall. Wieder einmal nannte man mir keine Gründe und ich akzeptierte es wie ein braver kleiner Junge.

Ich fuhr also nach Syrien. In meiner Militärjacke steckte mein kupfernes Kruzifix (dasselbe, das über dem Kopfende meines Bettes hängt). Köstlich wieder einmal allein zu sein und zuzusehen, wie der Mond hinter der Zitadelle von Aleppo unterging. Ich war zwanzig Jahre alt.

Als ich nach Frankreich zurückkam und mein Direktor, immer noch derselbe, mich fragte, warum ich als Freiwilliger nach Syrien gegangen sei, wagte ich nicht zu antworten: „Weil ich Ihre Autorität nicht länger ertrug und möglichst viele Kilometer zwischen uns legen wollte." Auf Befangenheit wird mit Mißtrauen reagiert, auf Mißtrauen mit Flucht. Auf die Flucht folgt noch tieferes Mißtrauen.

Nach vier Jahren Theologiestudium bei den Jesuiten, wo man mich lehrte, treffende Argumente gegen die Ketzer vergangener Zeiten vorzubringen (und nicht viel, um die Zeichen der heutigen Zeit zu deuten), sollte ich das dritte Jahr meines Noviziats beginnen. Manche Studenten konnten mit Erlaubnis des Ordensprovinzials dieses letzte Jahr im Ausland studieren. Ich bat also den Provinzial, es in England verbringen zu dürfen, um mein Englisch zu verbessern. Er lehnte ab, wieder einmal, ohne mir zu sagen, warum. Heute weiß ich warum. Um in den Kneipen von Jesus Christus zu sprechen, brauchte ich kein Englisch. Aber damals fühlte ich mich gedemütigt und verwundet. Doch Jesus Christus fand einen anderen Ausweg: ich lernte Englisch bei meiner späteren Arbeit in England und den Vereinigten Staaten.

Eben habe ich die Kneipen erwähnt, und tatsächlich habe ich zwei Jahre meines Lebens in solchen Lokalen verbracht, um von Jesus Christus zu sprechen und von dem, worauf es im Leben ankommt. Ich habe gelernt, die Menschen und ihre Glaubensschwierigkeiten zu verstehen. Die Leute dort haben ihrerseits in mir einen Priester schätzen gelernt, der ihnen demütig von seinem Glauben sprach.

Dann kam das Abenteuer der Chansons mit den Freuden und Strapazen, die ich geschildert habe. 1959 bekam ich einen sehr trockenen Brief von meinem Pater Provinzial: „Ich wünsche, daß Sie Ihre Messe nicht später als acht Uhr morgens lesen. Nehmen Sie zur Kenntnis, daß ich das zur unabdingbaren Voraussetzung für Ihr weiteres Verbleiben in der Gesellschaft Jesu mache." Das war zu einer Zeit, als ich schon mit seiner Erlaubnis viele Konzerte in allen Ecken Europas gab.

Die Mauer des Unverständnisses zwischen meinem und seinem Gewissen wurde immer höher.

Neulich las ich auf Lateinisch einen Satz von Thomas von Aquin: „Wenn ein Befehl Eures Gewissens mit einem Befehl Eures Superiors in Konflikt gerät, müßt Ihr Eurem Gewissen gehorchen."

Heute renne ich nicht mehr mit dem schweren Geschütz des Kirchenrechtes gegen diese Mauer des Unverständnisses an, ich umgehe sie mit einem vierblättrigen Kleeblatt im Mund und atme tief die Luft der Freiheit ein.

Für meine Reisen brauchte ich ein Motorrad. Ich bat den neuen Pater Provinzial um die Genehmigung, eines zu kaufen und erhielt sie. Da ich die Führerscheine aller Klassen hatte, kaufte ich eine 250er Sportmaschine.

Als sie im Hof stand, sah ich den örtlichen Superior mit verblüffter Miene um die Maschine herumgehen.

„Ist das ein Motorrad?"

„Ja, 22 PS, ein Viertakter."

„Viertakter? Aber der Pater Provinzial hat Ihnen ein Fahrrad mit Motor zugestanden."

„Nein, ein Motorrad."

„Ich werde dem Pater Provinzial schreiben." (Er sprach ein sehr gepflegtes Französisch, dessen er sich sein Leben lang befleißigte).

„Sie können mir glauben, wenn ich es Ihnen sage."

Ein Jammer, einen Superior zu haben, der den Unterschied zwischen einem Motorrad und einem Solex-Mofa nicht kannte.

„Das ist unglaublich. Konnten Sie sich nicht wehren?"

„Sie sprachen mit der Autorität Gottes. Schwer, dagegen anzugehen."

„Merkten sie nicht, daß sie Sie zerrieben?"

„Nein. Ich stand schlecht mit ihnen und sie mit mir. Ich brauchte den Weg über den Alkohol, um mich selbst anzunehmen und auch sie mit ein bißchen Humor zu ertragen."

Aber damals litt ich wie ein gehetztes Wild in ihrer Nähe, an ihrer Gleichgültigkeit, was meine Arbeit als Chansonnier betraf. Man spielte z. B. meine Chansons in Moskau und Warschau (Das sehe ich aus den Aufstellungen der SACEM (Gema)). Aber ich hatte einen Superior, der nie den Text eines meiner Lieder gelesen hat.

Diese kindische Haltung, unter der ich litt, auf die man mich aber festnageln wollte, wird durch folgende Tatsache illustriert:

Im April 1958 war ich von den langen Motorradfahrten erschöpft: nächtelang Regen, Wind, Schnee, ich hatte es satt. Bei zwei Stürzen waren zwei Gitarren zerbrochen. Eines Tages sagte ich im Speiseraum zu meinen Tischgenossen:

„Ich sollte mir wirklich einen 2 CV kaufen."

Allgemeines Schweigen. Ein Bruder serviert den Kaffee. Schweigend bedient man sich mit Zucker. Ich fahre, ohne angeben zu wollen, aber ganz sicher fort:

„Mit dem Geld, das die Schallplatten einbringen werden." Schallendes Gelächter. Und dicht vor meinen Augen sehe ich den goldenen Eckzahn über den belustigt verzogenen Lippen meines Bruders, der den Kaffee eingießt. In meinem Kopf, Demütigung und Trauer.

„Konnten Sie sich nicht dagegen auflehnen?"

„Nein, das war eben meine Krankheit."

„Sie haben doch sehr viel Geld verdient?"

„Ungefähr hundert Millionen Francs."

„Wußten Sie das?"

„Nein, ich erhielt keine Abrechnungen."

Ich habe nicht gemerkt, wie schnell die Fahrt verlief. Ich bin an der Mautstelle von Dijon. Auf der Hand, die das Ticket hinstreckt, spüre ich den kalten Wind. Der Mann in seiner Glaskabine kneift die Augen zusammen, weil die

Sonne blendet. Und auf der nördlichen Seite der Kabine liegt noch sauberer Pulverschnee. Ich fahre weiter, es ist 14 Uhr zehn. Noch 245 Kilometer. „Mein Gott, gib mir die Gelassenheit, die Dinge zu akzeptieren, die ich nicht ändern kann."

Ich habe jahrelang nachgedacht, immer gemeinsam mit den anderen AA, und ich erkannte, daß meine Arbeit in der Entstehungsgeschichte meiner Krankheit keine Rolle spielte. Weder die anstrengenden Reisen, noch die nervöse Spannung der Konzerte.

Es wurde auch deutlich, daß niemand dafür verantwortlich war. Weder das Unverständnis der Vorgesetzten, noch mein Chef mit dem Motorrad (in Dijon), auch nicht das Lächeln meines Mitbruders mit dem Goldzahn (in Nancy).

Der Kranke, der noch nicht innere Gelassenheit erreicht hat, versucht oft, seine Krankheit zu rationalisieren:

„Ich bin die Ursache. Ich kann mich nicht wehren. Ich habe keinen Mut. Ich kenne nicht meine Rechte. Ich kann nicht schlagfertig entgegnen. Ich habe mir den falschen Beruf ausgesucht, usw." Und diese Selbstbeschuldigung kann ihn durchaus zum Selbstmord führen.

Oder er klagt die anderen an:

„Es ist mein Chef, meine Frau, mein Arzt, die harten Zeiten, die Werbung für den Pernod, usw." Und diese Schuldzuweisungen an andere können zum Mord führen. Das kommt alle Tage vor.

In Wirklichkeit gibt es bei dieser Krankheit keine Schuldigen, im Sinne moralischer Schuld. Ich, Lucien, mache mich keines Verbrechens schuldig, wenn ich von einer glücklichen Welt träume und auch nicht, wenn es mir nicht gelingt, sie aufzubauen.

„Begnügen Sie sich mit der Welt, so wie sie ist."

„Wenn ich nicht von einer glücklichen Welt träume, werde ich sie nie zustande bringen."

„Warum wollen Sie sie zustande bringen?"

„Wenn ich es nicht versuche, ist alles andere uninteressant. So bin ich nun einmal."

Die geheimnisvolle Kraft der Gruppe

Zweiter Schritt: „Wir haben gedacht, daß eine Höhere Macht uns Einsicht und Vernunft wiedergeben könnte."

Dritter Schritt: „Wir haben Gott, so wie wir ihn begreifen, die Sorge um unser Leben anvertraut."

Nach drei Jahren Abstinenz verspürte ich den Wunsch, an diese beiden Schritte heranzugehen. Ich habe drei Jahre Philosophie studiert und fünf Jahre Theologie, aber der Gott der Gelehrten und Theologen blieb untätig, während ich in dem hier geschilderten Meer von Kummer ertrank. Das Kruzifix aus meiner Militärjacke, das in meinem Zimmer an der Wand hängt, hätte mir wohl beim Sterben helfen können, aber nicht um zu leben, jedenfalls dachte ich das.

Aber nach einem langen Umweg, den ich genau beschreiben möchte, kam ich zu einer anderen Erkenntnis.

Wie meine alkoholkranken Freunde habe ich alle Rettungsanker, auf die ich stieß, ausprobiert. Meine Freunde, meine Vorgesetzten, meine Ärzte können es bezeugen.

Ich habe zwei Kuren gemacht. Sie haben nichts genützt. Ich habe mehr als zehn Ärzte aufgesucht, die mir Ratschläge gaben und Medikamente, oder die schwiegen.

Die verheirateten Alkoholiker erhielten von ihren Frauen Zuspruch, von ihrer Großmutter, von ihrer Schwiegermutter. Andere von ihren Arbeitgebern, ihren Kameraden, ihrem Pfarrer und selbst von Kneipenwirten.

Einige von uns haben versucht, zu dem Gott unserer

Erst-Kommunion-Zeit zu beten, so durchgedreht und unglücklich waren wir. Oder sie lästerten Gott, haderten mit ihm.

Wir haben Nachsicht geübt und weinten über uns selbst, oder setzten unsere Hoffnung auf den Himmel und zuletzt auf die ewige Ruhe der Friedhöfe.

Da wir uns selbst nicht heilen konnten, versuchten wir, uns durch erfundene Heldentaten aufzuwerten. Das erklärt wahrscheinlich unsere Kneipengeschichten. Wir flüchteten in unsere Träume, in denen unsere Frau die „Miss World" war und mein Spiritual die Sanftmut in Person.

Aber die Krankheit wurde immer schlimmer, eine Torheit folgte der anderen, deswegen trank man, daraus erwuchsen neue Dummheiten, wie ein Eichhörnchen, das seinen Käfig immer schneller kreisen läßt und schließlich atemlos aufgibt: „Jetzt langt's!" Atem angehalten, Zeit angehalten, Leben angehalten.

Als es soweit war, wußten wir, daß in bezug auf diese Krankheit nichts mehr weiterhilft:

> Kein Mut und kein Wille nützen mehr
> Weder Gewalt, noch Haß auf sich selbst,
> aber auch keine aufmunternden Worte helfen.
> Die Intelligenz nützt gar nichts, genau so wenig wie der Mammon oder der Ruhm.
> Weder die Wissenschaft noch Diplome.
> Das Gebet, ich habe es versucht, nützt nichts. (Offensichtlich)

Solange wir davon nicht fest überzeugt waren, haben wir getrunken. Als wir überzeugt waren, haben wir weiter getrunken.

Zum Geburtstag meines Mädchens Pascale wollte ich aufhören, aber ich trank weiter. Zum Geburtstag des

Christkindes an Weihnachten wollte ich aufhören, aber ich trank weiter.

„Der Alkoholiker", sagt Dr. Fouquet, (glauben Sie ihm, wenn Sie mir nicht glauben wollen), „hat die Freiheit verloren, dem Alkohol zu entsagen."

In meinen Wahnvorstellungen nahm mein Gewissen Gestalt an, ich sah ein trauriges Gesicht, vernahm seine Worte: „Hör doch auf", und ich wußte, daß ich nicht mehr konnte. Und mein Freund Noir hatte recht, wenn er es mir nie sagte. Wenn die Gesunden das begriffen haben, werden sie sich nicht mehr damit abplagen, uns Moralpredigten zu halten, sondern werden ihr Taschentuch nehmen, um ihre Tränen zu trocknen (und die unserigen, wenn sie uns noch lieben), und uns in Frieden sterben lassen. Ein anderes Verhalten wäre Torheit.

Aber, und jetzt kommt der springende Punkt: was ich nicht fertig brachte, was niemand fertig brachte, die Gruppe der AA hat es fertig gebracht. Ohne jeden Zwang.

Wenn ich mit einem Wort ausdrücken sollte, wodurch die Gruppe das geschafft hat, sage ich: durch Freundschaft. Eine Freundschaft besonderer Art, die ich nirgends sonst gefunden habe; deswegen ist diese Freundschaft.

Einzigartig, d.h. allen anderen Formen der Freundschaft überlegen, selbst der meines Mädchens Pascale, selbst der meiner Mutter, der Noirs, der von Morban Lebesque, von Levallois, von Françoise, selbst der M. Servajeans, des Astronomen. Denn die AA bilden eine außergewöhnliche Gruppe. Diese Freundschaft ist

Liebenswert. Der Alkoholiker begegnet hier einer Schönheit und unbegreiflichen Anziehungskraft. Deswegen fuhr ich monatelang nach Straßburg und ließ sogar meine Mutter im Stich. Kleine Schwester Christiane, wie schön waren Sie, ich werde Sie nie vergessen. Kleine

Schwester Paulette, die in Nancy an Krebs starb, wie liebenswürdig und gütig waren Sie, ich werde Sie immer lieben. Diese Freundschaft überspannt Entfernungen und geht über den Tod hinaus. Sie ist auch

Respektvoll. Ich war es leid, Abfuhren zu bekommen, hatte das Flüstern der Freunde satt, auch das spöttische Lächeln an den Kneipentheken, das verächtliche Mundverziehen, die lässig und verständnisinnig um die Schultern gelegten Arme, den übelriechenden Atem beim dummen Politisieren. Und immer wieder fiel mir die Bemerkung des Wirtes ein: „Schlaf deinen Rausch aus, Dummkopf!" Das war grobes Salz in eine offene Wunde.

In einer AA-Gruppe zieht man sich aus Freundschaft für die anderen gut an, die Männer sind anständig rasiert und die Frauen schön frisiert, aber man begreift auch, daß ein betrunkener Mann ungepflegt daherkommt. In einer AA-Gruppe sagt man nicht ‚Scheiße'. Man spielt sich nicht auf, denn man achtet die, deren Leben grau in grau verlaufen ist, ohne große Höhepunkte. Man heult nicht, um Mitleid zu erregen. Die Gruppe gibt keine Ratschläge, sie vertraut auf die eigene allmählich reifende Einsicht. Die Gruppe widerspricht nicht, wenn man sagt, der Mond sei viereckig, sie weiß, der Alkohol verleitet dazu, Unsinn zu reden und sich interessant zu machen. Die Freundschaft der AA ist

Verständnisvoll. Ehe man noch zu Ende gesprochen hat, weiß die Gruppe, wie die Geschichte ausgehen wird. Ist man erregt, so besänftigt die Ruhe der Gruppe unsere Rachegelüste. Hat man im Gefängnis gesessen, zeigt sich die Gruppe davon nicht abgestoßen. Wird man rückfällig, dann begreifen das die Freunde, ohne tröstliche Mienen aufzusetzen, die Hälfte von ihnen hat das gleiche durchgemacht. Wenn wir beten, versteht es die Gruppe, wenn wir Gott lästern, auch. Wenn wir unsere Frau umbringen, sagt die Gruppe nichts. Wenn wir behaupten, die Zimmerdecke sei dreifarbig, blickt die Gruppe unwillkürlich nach oben, sagt aber nichts. Die Freundschaft macht keine Vorwürfe, entschuldigt alles, versteht alles.

Treu. Wenn wir rückfällig werden, einmal, hundertmal, ist die Gruppe immer noch da, die Tür ist um 20 Uhr 30 geöffnet. Wenn wir sie zeitweise verlassen, um auf eigenen Füßen zu stehen, sagt die Gruppe nichts. Wenn wir nach einem Rückfall wiederkommen, nimmt sie uns mit offenen Armen auf und verlangt keine Erklärungen. (Sie kennt sie schon.) Die Freundschaft bleibt auch denen ewig erhalten, die gegangen sind: Jean, der Selbstmord beging, weil er keinen Ausweg mehr sah und nicht länger warten wollte; Jacques, am Alkohol gestorben; Gaston – Selbstmord; Clairette, betrunken auf der Autobahn von Metz verunglückt; Françoise, gestorben, innerlich gelassen. Und die Gruppe ruft ihre Namen zu Beginn jedes Treffens auf. Diese Freundschaft ist

Aktiv. Und das ist merkwürdig. Ich kenne keinen einzigen Fall, daß ein Kranker, der regelmäßig kommt, nicht eines Tages mit dem Trinken aufhört. Die längste Wartezeit dauerte zwei Jahre und dann eines Abends ... wir wußten, was sie sagen würde: „Ich heiße Paulette, ich bin Alkoholikerin, ich habe diese Woche nicht getrunken", und das geschah ohne ersichtlichen Grund. Das Wirken der Gruppe widerspricht jeder Logik. Manchmal hört man von klugen Leuten: „Das mit den AA ist ganz einfach. Sie verlassen sich auf den Herdentrieb." – „Ach, tatsächlich?" – „Ja, auf die Kraft der Gruppe." – „Und dann?" „Nun ja, hundert Personen haben mehr Kraft als eine allein." – „Das stimmt, aber da sind auch 100% mehr Krankheit, Entsetzen, Mutlosigkeit, Schwäche, Kummer usw." Und hier sind wir am entscheidenden Punkt der Krankheit und der Methode der AA.

Pierrot, fünfundzwanzig Jahre alt, vier Jahre psychiatrische Klinik, siebzehn Entziehungskuren, irrt monatelang in alkoholisiertem Zustand umher, kommt am Ende seiner Kräfte zu uns und hört sofort auf zu trinken. Ohne Anstrengung, ohne Medikamente, ohne Rückfall seit zehn Jahren. Darüber sollte man ein Buch schreiben und versuchen, eine stichhaltige Erklärung zu finden.

Allgemeingültig. Ich bin der Bruder alkoholkranker Männer, Frauen, Junger und Alter, Armer und Reicher, Deutscher, Polen, Amerikaner, friedfertiger Greise, früh verwelkter junger Leute, Frömmlern, Atheisten, Gelehrten, Schwachköpfen, Schmalbrüstiger, Nonnen, alkoholkranker Ärzte, Sozialisten, Kommunisten, Grünen, von Lesern des „Monde“ und des „Est-Républicain“, sowie alkoholkranken Angehörigen der Ehrenlegion. Uns eint der Alkohol und der Wunsch, davon wegzukommen und das überwiegt alles Trennende. Letztlich trennt uns nichts. Ich vergaß, daß wir auch einen alkoholkranken Totengräber hatten. Die Grube, die er heute gräbt, ist nicht mehr für ihn.

Fröhlich und humorvoll. Diese Freundschaft kann auch verständnisinnig zwinkern und lächeln und dadurch den Kummer erträglich machen. Renée erzählt, daß er sich beim Öffnen der Dose mit Rattengift – er wollte es für sich selbst – eine tiefe Schnittwunde am Zeigefinger beibrachte. Fünf Minuten suchte er das Heftpflaster, „damit es auch anständig aussah“.

Wenn ich zusammenfasse, so ist es diese Freundschaft, die alle guten Eigenschaften verkörpert, die wir ‚Höhere Macht‘ nennen, eine Macht, die wir an uns selbst erfahren haben und nicht von einem abstrakten Begriff ableiten.

Diese freundliche Macht, die respektvoll und diskret ist, treu, geduldig, verständnisvoll und allgemeingültig, aktiv und rätselhaft, und, so möchte ich hinzufügen, unabhängig von den einzelnen Kranken, wir nennen sie Gott. Warum nicht?

Das Wort Gott kann den Alkoholiker, der zu uns kommt, erschrecken, weil er diese Freundschaft noch nicht erfahren hat. Das Wort kann schrecken, weil es im Laufe der Jahrhunderte befrachtet wurde mit Unverständnis, Parteilichkeit, Haß, Blut, Kriegen, Rachsucht. Das Wort ist ein Tabu geworden, vor allem in Frankreich durch die Schuld von Gewalttätern, Kriegstreibern, Angebern und Dummköpfen aus allen vier Ecken der menschlichen Unheilsgeschichte.

Das Wort kann den Neuankömmling erschrecken, wenn er bei den Gläubigen nicht die erhoffte brüderliche Hilfe gefunden hat. Daher ist der neue AA angewidert von diesem Gott, der königlich, weit entfernt, arrogant, rachsüchtig, nutzlos und aufgeblasen wirkt. Diesen Gott weisen freie Menschen zurück, und sie haben recht.

Das Wort Gott kann erschrecken. Aber wenn die Trokkenheit zu wirken beginnt, der innere Frieden zunimmt, der Geschmack an der Freiheit (auf allen Gebieten) wächst, fällt es dem trocken gewordenen Alkoholiker nicht mehr schwer, diese nicht alltägliche Freundschaft mit dem vertrauten Namen anzureden.

Für mich ist es Jesus, das heißt der Heiland, denn er hat mich vor dem Beinahe-Wahnsinn und dem Tod gerettet.

Wir, die wir alles verloren haben, haben es auf gut Glück mit Gott (oder irgendetwas anderem) noch einmal versucht, von dem viele Gesunde nichts verstehen. Tatsache ist, wie die Erfahrung zeigt, es war der richtige Schlüssel, der einzige Schlüssel, um aus der Stahlkammer wieder herauszukommen, in der wir, von Wut und Ohnmacht erstickt, eingeschlossen waren.

„Das ist etwas zu einfach."

„Was ist einfach, bitte sehr?"

Ja, die AA glauben wie Thomas nur das, was sie berühren. Die Verzweiflung haben wir mit unseren Fingern berührt. Die Kraft, die uns daraus erwachsen ist, haben wir auch mit den Fingern berührt. Gott ist nicht so, wie man glaubt. Gott ist nicht da, wo man ihn sucht. Gott sieht nicht so aus, wie man ihn sich vorstellt. Gott ist nicht in den Wolken.

Maria Magdalena hielt ihn für einen Gärtner, die Jünger für einen Geist und Petrus für einen Fischereiexperten, und ich armer Tropf suchte ihn in Dogmen und Syllogismen, während er sich in Wirklichkeit ruhig und freundlich bei den Kranken aufhielt.

Bei den Zusammenkünften habe ich nie von Gott gesprochen. Es war nicht nötig, er war da. „Jeder, der liebt, wie Bob oder Jeannette mich lieben, wie ich René und Paulette liebe, jeder der liebt ist in Gott geboren und kennt Gott." Jeder ... ob das nun ein Franzose oder Feuerländer ist. Das ist mehr wert als alle Manifeste der Welt.

Es ist zehn Minuten vor drei Uhr, ich habe die Raststätte Wagon erreicht. Ich werde dort einen Kaffee trinken. Zwei Lastwagenfahrer sitzen noch am Tisch. Die Bedienung ist wahrscheinlich die Chefin selbst. Ich kenne sie nicht, denn ich komme hier immer nur nachts durch. Ich spreche nicht mit ihr, außer Danke und auf Wiedersehen. Ich habe vergessen, sie zu fragen, warum bei ihr in der Sturmnacht kein Licht brannte. In mir ist ein großes Verlangen, mit meiner Geschichte zu Ende zu kommen.

Zu guter Letzt: Freiheit

Die dunklen Wege, auf denen das Tier die Stufe des Bewußtseins erlangt hat, sind der Menschheit nur ungenau bekannt, und wir verdanken es der Wissenschaft, wenn wir mit ihrer Hilfe etwas klarer sehen.

Aber den Weg des Bewußtseins zu geistiger Freiheit (ein anderes Adjektiv ist nicht möglich) muß sich jeder selbst bahnen. Es ist von Natur aus ein persönlicher Weg, wenige Generationen sind uns vorausgegangen, die Heiligen, die Dichter, die Demütigen, die durch Armut nicht kaputt gegangen sind. Massen trifft man auf diesem Weg nicht.

Die, die mit ihrem Reichtum prunken, die Aufschneider, die Mächtigen, die Ordensgeschmückten, sie alle bringen die Menschheit keinen Fingerbreit vorwärts. Sie erkennen noch nicht einmal, daß es eine Stufenleiter gibt.

Das Schlimmste, was mir hätte passieren können, als ich vom Alkohol loskam, wäre gewesen, wieder ins Glied zu treten und wie die anderen zu leben. Wieder das „gemeinsame Leben" leben, wie man in meiner religiös geprägten Kindheit sagte. Man hatte es mir empfohlen, als ich die Kur bei Fouquet hinter mir hatte: „Nun, da Sie nicht mehr trinken, verhalten Sie sich wie wir, leben Sie wie wir."

Aber ich kann nicht mehr leben wie die anderen um mich herum. Was sie anzieht, stößt mich ab. Was sie erschüttert, berührt mich nicht. Was sie begeistert, ist mir gleichgültig. Worüber sie lachen, verstehe ich nicht, was sie ängstigt, bringt mich zum Gähnen.

Ihr Geld? Daran liegt mir nichts. Als ich zwanzig war, hielt ich etwas davon, auch meine 30 Centimes schätzte ich, als ich Soldat war. Ich hasse das Geld, weil es meine Hoffnung schmälert.

Einsamkeit? Seit meiner Kindheit nenne ich sie Schwester.

Hunger? In Nancy habe ich fünfzig Brüder, die mich aufnehmen würden.

Krankheit? Daran bin ich gewöhnt. Sie werden mich im Krankenhaus besuchen.

Verleumdung? Ich hasse ihre Gerichte. Meine Brüder umarmen mich jede Woche und trösten mich.

Der Tod? Sie werden eine Chrysantheme auf mein Grab legen und nicht weinen.

Ungerechtigkeit? Das ist die einzige Gemeinheit, die mich heute noch in Wut bringt. Aber, Geduld, bei meinem Glauben an Jesus Christus, für alles muß gezahlt werden.

Ich behaupte nicht, die AA seien die einzigen Menschen, die zählten. Ich kenne hunderte, die uns weit hinter sich lassen. Naudin z.B. mußte nicht den Umweg über den Alkohol machen, um ohne Mühe zu begreifen, was wir unter Schwierigkeiten zugeben konnten, daß der Mensch groß ist, ins Unendliche reicht. Und Pater Arrupe, mein oberster Jesuitenchef, lange Rektor der Universität in Tokio, er kennt die Welt wie wenige. Er braucht keinen Alkohol. Aber man spürt, daß er sich ständig in der Nähe des Brennenden Dornbusches aufhält, um neue Wahrheiten zu erfahren.

Meine sanfte Mutter Marie-Thérèse-Augustine Simonin, die nur ein Glas Likör im Jahr trinkt. Sie kennt das Leben besser als viele Gelehrte.

„Aber fühlen Sie sich immer noch vom Alkohol bedrängt?"

„Ich denke nicht mehr daran."

„Sie können also wieder trinken?"

„*Heute* nicht."

Die Menschheit besteht wirklich aus zwei verschiedenen Arten. Neulich fuhr ich im Zug. Schwer zu beschreiben: ein Herr betritt das Abteil. Er trägt Orden, hat frischen Teint, Haarschnitt gepflegt. Er zog seinen Mantel aus, warf einen flüchtigen (warum eigentlich flüchtig?) Blick in den Spiegel, setzte sich und las seine Rennzeitung. Der kleine Junge in mir war fasziniert von seinem Orden, sowohl auf der Jacke wie auf dem Mantel. War er dazu berechtigt? Bestimmt. Aber vielleicht war der Orden sein Alkohol, der ihm den grauen Alltag verschönte. Vielleicht wäre er auch 120 km nach Metz gefahren, um ihn dort zu bekommen. Ein Pfau schlägt sein Rad, ein Herr zeigt seinen Orden, beide haben es nötig.

Als ich die Gruppe gefunden hatte und vom Alkohol loskam, hatte ich es nicht mehr nötig, meinen persönlichen Wert zur Schau zu stellen. Die Gruppe gibt ihn mir, sie kennt die Tiefe meines Elends und den Höhenflug meiner Träume. Der Herr im Zug kannte zweifellos weder Höhen noch Tiefen. Er wirkte irgendwie fade. Das sah man, erriet es an tausend kleinen Dingen, seinen Gesten, seiner Haltung, seinem Blick. Man roch es, wie man einen Hering riecht.

Vor einigen Monaten habe ich eine „Charta der Alkoholsucht" gelesen. Alle Beschreibungen der Etappen des Niederganges und fast alle des Wiederaufstieges scheinen mir richtig wiedergegeben außer dieser: „Sorge um das persönliche Prestige". Diese Sorge hatte ich nie, weder vor meiner Alkoholkrankheit und noch weniger danach. Ich bin nicht aus der Sklaverei durch den Alkohol herausgekommen, um mich jetzt dem Urteil anderer zu unterwerfen oder mich etwa um ihre Wertschätzung zu bemühen.

Früher sagte ich vor meinem (meinem?) Konzertpublikum: „Ich will versuchen, gute Arbeit zu leisten, um euch Freude zu machen." Seit 1970 bis heute sage ich das nicht mehr. Aber ich sage: „Ich verspreche, euch meine Meinung über das, was im Leben wichtig ist, zu sagen. Was ihr denkt, bedeutet mir nicht mehr sehr viel." Der Herr ganz hinten ruft: „Ho! Ho!" Ich fahre rasch fort: „Deswegen singe ich heute umsonst. Geld und Überzeugungen vertragen sich selten gut."

„Hatten Sie auch Rückschläge mit Alkoholikern?"

„Ja, ehe sie zur Gruppe kamen. Aber nicht immer ist es ihre Schuld, wenn sie nicht kommen. Die Gesunden haben oft mehr Angst vor der Krankheit als die Kranken."

Ich lernte eine Frau und ihren Mann kennen:

„Wissen Sie, Monsieur Lucien, mein Mann trinkt nicht mehr, schon seit drei Jahren. Er brauchte die AA nicht, um aufhören zu können. Sehen Sie sich ihn an. Komm doch mal her, Liebling. Zeig dich Monsieur Lucien. Komm näher, hab keine Angst. Sehen Sie, wie gut er aussieht. Aber ich sage Ihnen, bei uns werden sie keine einzige Flasche Wein finden. Da passe ich auf. Und er ist damit einverstanden. Das bist du doch, Liebling? Wir sind immer einer Meinung. Ich habe ihn gedrängt, seinen Beruf zu wechseln. Er arbeitet jetzt nur 300 m von zu Hause entfernt. Da hole ich ihn ab und zu von der Arbeit ab und er gerät nicht in Versuchung, wenn er an dem Café vorbeigeht. Nicht wahr, Liebling, du gerätst nicht mehr in Versuchung?"

„Ist er glücklich?"

„Ja, ich denke doch. Stellen Sie sich vor, Monsieur Lucien, früher weinte er sogar in der Öffentlichkeit. Ich weiß nicht, warum, aber er weinte, auch im Café. Jetzt sieht man ihn wenigstens nicht mehr, wenn er weint."

Man sieht ihn überhaupt nicht mehr. Er hat sich in seiner Garage aufgehängt. Mit einem Abschleppseil.

Immer am Rande der Verzweiflung, wenn der Alkohol ihn ganz nach unten gebracht hat, am Rande der Euphorie, wenn er herauskommt, wird der Alkoholiker vielleicht zum Prototyp des neuen Menschen, auf wackligen Beinen stehend und hin und hergerissen.

Ich glaube, der Mensch verwirklicht schließlich das, was er träumt. Der Traum des kleinen Jungen beim Anblick des Mondes, als der Lehrer ihm die Tränen in die Augen trieb, als der Buchhändler seinen lieben Gott verspottete, als der Kaufmann ihm die Freude verdarb; der Traum des Mannes, daß Menschen einander nicht weh tun sollten, daß sie sich nicht mit falschen Federn schmükken sollten und zarten Schultern zuviel aufbürden, dieser Traum ist heute kein Traum mehr. Dank der AA-Gruppe ist er für mich Wirklichkeit geworden.

Dieser Traum, der mich trinken ließ, weil ich darunter litt, ihn nicht in die Tat umsetzen zu können, dieser Traum ist jetzt verwirklicht, und ich trinke nicht mehr.

Der kleine Junge hatte recht zu träumen. Der enthaltsam gewordene Mann hat seinen Traum verwirklicht. Und der alternde Mann ist glücklich.

Das ist der Angelpunkt meines ganzen Lebens.

Ich habe in und an meinem Leben gelitten wie ein verwundetes Tier, heute atme ich die frische Luft einer neuen Menschheit. Das heißt, der ganzen Welt gegenüber freundlich aufgeschlossen, werden den Menschen in Zukunft Horizonte eröffnet, die heute noch unvorstellbar sind. Geduld.

Mein ganzes Leben ist verändert. Glücklich, trocken zu

sein, interessiere ich mich leidenschaftlich für alles, was sich ereignet. Ich lese viel, Zeitungen und Bücher, historische Zeitschriften fesseln mich, auch die Naturwissenschaften ziehen mich an.

Als ich trank, verdarb mir die Angst vor dem Tod das Leben. Die Abstinenz hat mir die Lebensfreude wiedergegeben, ohne mir Furcht vor dem Tode einzujagen. Und alles das begann mit einem kleinen Akt der Selbsterniedrigung: „Ich heiße Lucien und ich bin Alkoholiker."

Ich habe einen Superior hier am Ort, mit dem ich mich duze, weil wir uns vertrauen und schätzen. Wo ist die Zeit, als meine Vorgesetzten mich am ausgestreckten Arm verhungern ließen?

Desgleichen meine Mitbrüder, alle sind freundliche, intelligente, selbstsichere Menschen. Mein Abenteuer mit dem Alkohol interessiert sie. Wo ist die Zeit, als andere Brüder sich von mir abwandten? Natürlich bin ich manchmal bedrückt. Ich kann mich nicht gewöhnen an das vielfältige Unglück, an Folter, Kriege, Lügen, aber ich weine nicht mehr.

Wichtig ist heute für mich (in meinem fortgeschrittenen Alter), daß ich sage: „Ich heiße Lucien und ich bin Alkoholiker."

Und ich träume von einer Zeit, wo der Diktator sagt: „Ich heiße Soundso und ich bin ein Folterknecht, Kriegstreiber und Lügner." Eine Zeit, in der der Menschenverächter sagt: „Ich heiße Soundso, ich bin ein Angeber, hochmütig und geldgierig." Noch mehr Träume? Ja.

Weil nicht genug geträumt wird, ist unser Verlangen nach Glück ohnmächtig und erstarrt.

Im Grunde ist der Alkoholiker zutiefst moralisch, hier trügt oft der äußere Schein. Wenn er bösartig wird, gegen sich und andere, so geschieht das aus Wut. Wird er niedergeschlagen, geschieht das aus Trauer. Wut und Trauer darüber, daß es ihm nicht gelingt, seine Träume und Taten in Einklang zu bringen, seine Träume mit dem, was er sieht.

Die Natur dieser Krankheit ist, wie ich gesagt habe, geheimnisvoll. Das weiß ich jetzt. Weil sie es nicht wußten (wie sollten sie auch), mußten die Ärzte bei mir versagen.

Die Natur dieser Krankheit ist bei allen Alkoholikern die gleiche und gibt ihrer Freundschaft eine besondere Qualität.

Ich erreiche Metz-Nord. Ich fahre langsam. Es fällt mir schwer, Sie zu verlassen. Zum ersten Mal überblicke ich auf diese Weise mein ganzes Leben und spreche davon zu Unbekannten. Aber der Alkoholiker hat ein unerschütterliches Vertrauen in andere, weil seiner Idealvorstellung nach die anderen Kinder der gleichen Erde sind – oder Kinder Gottes, wenn er gläubig ist.

„Ist das Mystik?"

„Ja, das ist Mystik."

Mystik ist die Fähigkeit, auch das verborgene Gesicht des Mondes zu sehen, die verhüllte Seite der Dinge. Ich habe z. B. vor einiger Zeit einen Anhalter auf der Straße mitgenommen, so gegen Mitternacht. Während der Fahrt kam mir plötzlich der Gedanke, daß mich Gott liebt. Und jäh kommt mir der Gedanke, daß Gott auch ihn liebt, so daß also ein Freund Gottes neben mir sitzt, und daß Mohammed (er war Algerier) Jesu Bruder war. Und wenn er der Bruder Jesu war, müßte ich ihn genau so lieben wie Jesus selbst. Sagt Ihnen das etwas? Ja, und das ist Mystik. Und viele Alkoholiker verstehen sie, selbst wenn ihnen die Worte fehlen, um davon reden zu können.

Ich fahre vor das Haus Nummer 8. Ich stelle den Motor ab. Die Stille ist erstaunlich. Ich betrachte die warm angezogenen Leute. Die kleine Muriel vom Café nebenan kommt mit ihrem roten Mantel heraus. Sie ruft ihren kleinen Freund, der einen Stock höher wohnt.

Auf dem Kilometerzähler 2412 km, die Uhr zeigt 16 Uhr 30. Ich lege die zwölf Kassetten in die Tasche aus Schottenstoff. Mein Herz ist befreit von dem Gewicht meines Lebens. Wahrheit befreit.

Den Kassettenrecorder stecke ich wieder in seine schwarze Plastikhülle. Ich steige aus und gehe vorne um den Wagen herum. Ich lege die Hand auf die Haube in einer Geste des Dankes. Genau so machte es mein Vater mit dem Pferd Bichette, wenn er mit ihm zufrieden war. Sicher haben Tiere eine Seele, und die Dinge haben die Seele, die man ihnen gibt.

Ich betrete Françoises Wohnung. Blumen stehen auf dem Tisch, und daneben liegt ein kurzer Gruß auf der weißen Decke.

„Ich habe an Sie gedacht, Monsieur, auf Ihrer langen Fahrt.

Sind die Kassetten besprochen?

War das Konzert schön?

Von Mittag ist noch Gemüsesuppe da, sie steht auf dem Gas.

Lassen Sie sich Zeit, Monsieur, ich werde später den Wagen entladen."

Eine stilisierte Blume als Unterschrift, seit vierzehn Jahren ein Ritual ... und viel mehr.

In meinem Schlafzimmer brennt schon die Tischlampe mit rotem Schirm. Mein Bett ist gemacht, und die sauberen Leintücher zeigen noch die Spuren des Bügeleisens. Auf dem Nachttisch eine rote Rose. Nur für mich.

In der vollkommenen Stille – vollkommene innere Ruhe. Wohin haben sich Ängste und Kummer verflüchtigt, die mich vor so langer Zeit hierher geführt haben? Woher diese Gelassenheit? Und das Gottvertrauen? Ich weiß es nicht, es ist auch nicht mehr wichtig. Ich will schlafen.

Ich nehme meine Bibel und lese:

„Dann wird das Licht süß sein, und den Augen wird es wohltun, die Sonne zu sehen.
Denn selbst, wenn ein Mensch viele Jahre zu leben hat, freue er sich in dieser ganzen Zeit, und er denke zugleich an die dunklen Tage: Auch sie werden viele sein. Alles, was kommt, ist Windhauch.
Freu dich, junger Mann, in deiner Jugend, sei heiteren Herzens in deinen frühen Jahren!
Geh auf den Wegen, die dein Herz dir sagt, zu dem, was deine Augen vor sich sehen.
Halte deinen Sinn von Ärger frei, und schütz deinen Leib vor Krankheit; denn die Jugend und das dunkle Haar sind Windhauch.
Denk an deinen Schöpfer in den frühen Jahren, ehe die Tage der Krankheit kommen und die Jahre dich erreichen, von denen du sagen wirst: ich mag sie nicht,
ehe Sonne und Licht und Mond und Sterne erlöschen.
Am Tag, da die Wächter des Hauses zittern, die starken Männer sich krümmen, die Müllerinnen ihre Arbeit einstellen, weil sie zu wenige sind, es dunkel wird bei den Frauen,
und das Tor zur Straße verschlossen wird; wenn das Geräusch der Mühle verstummt, steht man auf beim Zwitschern der Vögel, doch die Töne des Lieds verklingen;
selbst vor der Anhöhe fürchtet man sich und vor den Schrecken am Weg; der Mandelbaum blüht, die Heuschrecke schleppt sich dahin, die Frucht der Ka-

per platzt, doch der Mensch geht zu seinem ewigen Haus, und die Klagenden ziehen durch die Straßen. Ja, ehe die silberne Schnur zerreißt, die goldene Schale bricht, der Krug an der Schwelle zerschmettert wird, das Rad zerbrochen in die Grube fällt, der Staub auf die Erde zurückfällt als das, was er war, und der Atem zu Gott zurückkehrt, der ihn gegeben hat."
(Kohelet 11,7–12,7)

Karl Herbert Mandel

Frieden in der Ehe

Karl Herbert Mandel weiß aus seiner täglichen Erfahrung als Psychotherapeut, woran viele Ehen scheitern. Dennoch ist er überzeugt: der heutige Geschlechterkrieg müßte nicht sein. In diesem Buch weist er den Weg, wie Krisen, die den Alltag vergiften, fruchtbringend bewältigt werden können. Lebendig und immer hart an der Realität beschreibt er die Haltungen, die zu Problemen in der Partnerbeziehung führen. Verhaltenstypen werden lebendig, in denen sich Männer und Frauen wiederentdecken können. An diesen „Szenen einer Ehe" und am konkreten Fehlverhalten zeigt der Autor, wie man es besser machen kann, weniger zerstörerisch, kurz: realistischer. Ein echtes Lebenshilfebuch, das befreiend deutlich macht, was eine Ehe zusammenhalten kann, welchen Weg man gehen muß, um echte Partnerschaft zu erreichen.

120 Seiten, Paperback. ISBN 3-451-20207-7

Paul Sporken

Begleitung in schwierigen Lebenssituationen

Ein Leitfaden für Helfer

„Das neueste jetzt vorliegende Buch dieses Autors – langjähriger Direktor des Zentrums für pastorale Fortbildung in Nijmegen sowie Krankenhausseelsorger und Fortbildungsleiter für Ärzte und Krankenpflegepersonal –, das er schlicht einen ‚Leitfaden für Helfer' nennt, ist eine wirklich geglückte ‚Summa' der wichtigsten Probleme und eine Zusammenfassung von wertvollen praktischen Hinweisen im Zusammenhang mit der Pflege und Betreuung von körperlich und psychisch Kranken und Behinderten sowie für das Geleit von Sterbenden. Das Buch ist geschrieben als Beitrag, Helfer im Gesundheitswesen besser auf die Aufgaben der Begleitung einzustellen" (Arzt und Christ).

192 Seiten, Paperback. ISBN 3-451-20014-7

Verlag Herder Freiburg · Basel · Wien

In der Reihe
Lebenszeichen bisher erschienen:

LEBENS ZEICHEN

Wladyslaw Bartoszewski
Herbst der Hoffnungen
Es lohnt sich, anständig zu sein
Mit einem Nachwort von Reinhold Lehmann
2. Auflage. 144 Seiten, Paperback. ISBN 3-451-19958-0

Glauben Frauen anders?
Erfahrungen
Herausgegeben von Marianne Dirks
2. Auflage. 192 Seiten, Paperback. ISBN 3-451-19751-0

Tatjana Goritschewa
Von Gott zu reden ist gefährlich
Meine Erfahrungen im Osten und im Westen
5. Auflage. 128 Seiten, Paperback. ISBN 3-451-20011-2

Barbara Just-Dahlmann
Und sprach zu den Richtern: Sehet zu, was ihr tut
Menschliche Geschichten
96 Seiten, Paperback. ISBN 3-451-19977–7

Hanne Baar
Kommt, sagt es allen weiter
Eine Christin berichtet über charismatische Erfahrungen
Mit einem Nachwort von Karl Rahner
2. Auflage. 80 Seiten, Paperback. ISBN 3-451-19886-X

Werner Knubben
... der werfe den ersten Stein
Was nicht im Mordprotokoll steht
144 Seiten, Paperback. ISBN 3-451-20015-5

Verlag Herder Freiburg · Basel · Wien